Comte R. DE BRIEY
DOCTEUR EN DROIT

ESSAI
SUR
L'ASSOCIATION DU CAPITAL ET DU TRAVAIL
PAR
L'ACTIONNARIAT OUVRIER

SUIVI D'UNE NOTE DE

M. Aristide BRIAND
Député, ancien Président du Conseil

ET DE STATUTS-TYPES DE SOCIÉTÉS A PARTICIPATION OUVRIÈRE
DRESSÉS AVEC LA COLLABORATION DE

M. Jules CORBIAU
Professeur de droit commercial à l'Université de Louvain

AVEC UN APPENDICE

BRUXELLES
GOEMAERE, IMPRIMEUR DU ROI
ÉDITEUR
21, rue de la Limite
TÉLÉPHONE A 5086

PARIS
MARCEL RIVIÈRE
LIBRAIRIE DES SCIENCES POLITIQUES
ET SOCIALES
31, Rue Jacob. — TÉLÉPHONE 760.3

1914

ESSAI

SUR

L'ASSOCIATION DU CAPITAL ET DU TRAVAIL

PAR

L'ACTIONNARIAT OUVRIER

Comte R. DE BRIEY

DOCTEUR EN DROIT

ESSAI
SUR
L'ASSOCIATION DU CAPITAL ET DU TRAVAIL
PAR
L'ACTIONNARIAT OUVRIER

SUIVI D'UNE NOTE DE

M. Aristide BRIAND

Député, ancien Président du Conseil

ET DE STATUTS-TYPES DE SOCIÉTÉS A PARTICIPATION OUVRIÈRE
DRESSÉS AVEC LA COLLABORATION DE

M. Jules CORBIAU

Professeur de droit commercial à l'Université de Louvain

AVEC UN APPENDICE

BRUXELLES
GOEMAERE, IMPRIMEUR DU ROI
ÉDITEUR
21, rue de la Limite
TÉLÉPHONE A 5686

PARIS
MARCEL RIVIÈRE
LIBRAIRIE DES SCIENCES POLITIQUES
ET SOCIALES
31, Rue Jacob. — TÉLÉPHONE 760.37

1914

TABLE DES MATIÈRES

L'ASSOCIATION DU CAPITAL ET DU TRAVAIL PAR L'ACTIONNARIAT OUVRIER (1).

SOMMAIRE. — *I. Exposé doctrinal.* — *II. Les expériences.* — *Les coopératives de production.* *Port Sunlight.* — *Le trust de l'acier.* — *Les chantiers de constructions navales Furness.* *Les compagnies du gaz.* — *Les actions collectives de travail.* — *Projets français et belge.* — *Conclusion.*

I

EXPOSÉ DOCTRINAL

ATTÉNUER la lutte des classes sur le terrain social en associant leurs intérêts sur le terrain économique; rapprocher l'ouvrier du patron en l'élevant de l'état de salarié à celui d'associé, de copropriétaire, de collaborateur; rapprocher le patron de l'ouvrier en lui faisant mieux comprendre, par un coude à coude journalier, ses besoins et ses aspirations; les unir tous deux étroitement par le lien permanent et tangible d'une étroite solidarité, telle est l'idée première et fondamentale de l'actionnariat ouvrier.

Et l'on voit tout de suite, par le simple énoncé de cet objectif, que s'il s'oppose aux tenants de l'hégémonie syndicaliste socialiste qui refusent toute trêve dans le combat

(1) Communication faite à la Société d'Économie Sociale de Belgique, séance du 10 novembre 1913. Extrait de la *Revue Économique Internationale*, numéro de novembre 1913.

engagé, il réclame en même temps certaines concessions aux tenants de l'hégémonie patronale qui entendraient garder pour eux seuls toute la portion intelligente et humaine de l'entreprise. Je m'expliquerai tout à l'heure, d'une façon très nette, sur le rôle du capital et du travail dans le régime d'actionnariat ouvrier, mais il est nécessaire, dès ce moment, de marquer les positions. Il s'agit de jeter un pont, suivant le mot de Proudhon, « entre l'envie prolétarienne et la haine bourgeoise », il faut que, des deux rives, on se rapproche et s'entr'aide.

***

L'idée n'est pas nouvelle et elle a été appliquée pendant des siècles, sous une forme différente, dans le régime corporatif. Qu'était, en effet, la corporation, sinon un groupement permanent, propriétaire et autonome, conciliant les intérêts purement patronaux ou purement ouvriers en les unissant dans un intérêt commun distinct garanti par un patrimoine inaliénable?

Beaucoup d'historiens et d'économistes ont signalé l'entente cordiale existant entre les deux facteurs de la production sous ce régime de travail-associé que nous allons voir reparaître dans l'actionnariat ouvrier. Je me bornerai à une courte citation ; elle est de Proudhon, et prend sous sa plume socialiste une saveur particulière : « Ce qui a créé la distinction toute nouvelle, inconnue même aux temps féodaux, de classe bourgeoise et de classe ouvrière ou prolétaire, c'est le droit inauguré en 1789. Avant 89, l'ouvrier existait dans la corporation et dans la maîtrise, comme la femme, l'enfant et le domestique dans la famille;... mais depuis 89, le faisceau des corporations ayant été brisé sans que les fortunes et conditions entre ouvriers et maîtres fussent égales, la distinction s'est établie d'elle-même entre la classe des patrons détenteurs des instruments du travail, capitalistes et grands propriétaires, et celle des ouvriers, simples salariés (1). »

* * *

La loi Chapelié de 1791 interdit toute association formée pour la défense de « prétendus intérêts communs » (2), laissant aux patrons, suivant l'aveu cynique de Turgot dans son édit de 1776, « les avantages que leur donne la concurrence entre ouvriers, pour le bas prix du travail ». Le régime moderne du travail se traduit par le salariat, et forme avec l'organisation corporative que nous venons de définir la plus parfaite antithèse. Ici plus de liens permanents entre patron et ouvrier, mais pour celui-ci une vie toute *journalière* comme la paye qu'il reçoit; plus de copropriété professionnelle et par conséquent plus de solidarité tangible; plus d'intérêts économiques communs à gérer et par conséquent lorsque, sous la poussée incoercible des choses, le groupement ouvrier se reformera, la tentation constante de le constituer sur le terrain d'intérêts sociaux opposés. Plus d'intérêts de professions, mais des appétits de classe; la lutte à la place de l'harmonie.

Rapprochés dans le sein de la corporation, le capital et le travail sentaient constamment les liens qui les unissent; séparés, ils ne voient plus que les intérêts qui les opposent.

* * *

Ne serait-il point possible de remonter ce courant? Ne

(1) PROUDHON, *La capacité des classes ouvrières*, cité par G. SORTAIS, *Les études*, numéro du 5 septembre 1903.
(2) Loi des 14-27 juin 1791. Article 2.

pourrait-on *professionnaliser* les préoccupations de l'ouvrier et, dans le sein même de l'usine, donner à son légitime désir d'ascension et de progrès tout à la fois un but précis et une satisfaction?

C'est de cette pensée que sont nés tout d'abord les essais de participation aux bénéfices, ou d'échelles mobiles de salaires, les « sliding scale » anglais. On sait que ces systèmes n'ont point donné les résultats escomptés. M. Boissard le constate dans son ouvrage sur les « Employeurs et Employés » et donne, en même temps, la raison profonde de cet échec : « Les résultats de la participation, malgré de considérables efforts, sont peu brillants... Si l'on veut être logique, elle devrait entraîner un contrôle dans la direction; dans la pratique, elle n'est qu'une libéralité patronale spontanée, sans contrôle ».

Dans la réalité, la participation aux bénéfices n'est qu'un sur-salaire souvent infime et qui ne change point la mentalité de l'ouvrier; il reste un salarié et non un associé. Tout autre serait la situation si, devenu actionnaire, il participait aux dividendes, en cas de dissolution, au partage de l'actif social, et voyait ouvrir à ses représentants les assemblées générales, sinon même le cénacle clos des conseils d'administration.

Dans un discours prononcé à Neubourg, M. Briand, alors président du conseil, disait : « Voici les ouvriers d'une usine, ils sont là 5,000 qui font un effort commun pour produire un même objet sans qu'il soit possible de reconnaître la part contributive de tel ou tel... Que voulez-vous qu'ils fassent? C'est par la possession seule des choses, leur administration, la gestion des grands intérêts, que ce monde ouvrier sera préservé d'accès de fièvre. »

Ces 5,000 hommes, disent en substance les partisans de l'actionnariat ouvrier, unis au patron par un même effort pour produire un même objet sentent confusément que tout n'est point fini quand ils ont reçu leur salaire. Ce salaire peut être trop élevé ou trop minime ; juste ou injuste dans son taux, il demeure contraire à la nature des choses dans son essence, car l'entreprise étant une œuvre commune du capital et du travail, l'ouvrier quoi qu'on dise ou quoi qu'on fasse, n'est pas un manœuvre mais un associé.

Cette vérité est si profonde que malgré tout, dès aujourd'hui elle transparaît dans les faits et jusque dans la législation.

L'évolution des idées, sur ce point, est bien intéressante à observer. M. Emile Waxweiler en a marqué les étapes dans une remarquable communication à l'Académie royale de Belgique (1). Il y a cinquante ans, régnait sans conteste le principe du « salaire-forfait » de Bastiat, avec le désespérant corollaire qu'en tirait Stuart Mill : « Il n'y a d'autre sauvegarde pour les salariés, que la restriction du progrès de la population » (2). C'était l'époque – 1875 — où les charbonniers anglais repoussaient avec horreur toute adaptation des salaires aux profits, en affirmant que « le prix du travail ne peut être légitimement régi que par la loi de l'offre et de la demande » (3).

Aujourd'hui, les patrons filateurs anglais vont jusqu'à suggérer de faire établir par expert, d'après leurs livres, le montant des bénéfices et d'y proportionner les salaires! En Nouvelle-Zélande, la communication des livres et des bilans aux Cours chargées de fixer les salaires est de pratique constante, et en Belgique, les mêmes tendances se sont manifestées lors de l'examen par le Conseil de l'Indus-

(1) Séance du 5 mai 1909, *Revue économique internationale*, 15-20 juin 1909.
(2) BASTIAT. *Harmonies économiques* et STUART MILL, *Principes d'économie politique*, T. I., p. 413.
(3) Price-Industrial Peace, p. 58.

trie et du Travail de la situation des salaires dans l'industrie houillère, après les grèves de 1899. Je n'en citerai qu'un exemple : « Les membres ouvriers demandent aux membres patrons si, étant donné la bonne marche actuelle de l'industrie houillère, une augmentation de 10 p. c. ne pourrait être immédiatement consentie sur les salaires. Le président, au nom des membres patrons, répond... que des augmentations successives ont été accordées aux différentes catégories d'ouvriers *au fur et à mesure de l'amélioration progressive de la marche des affaires. Il déclare que cette conduite des patrons envers les ouvriers sera continuée.* (Frameries.) »

Que nous sommes loin de la fin de non-recevoir brutale de 1875! Partout, sous forme plus ou moins accentuée, apparaît l'idée d'un ajustement continu des revenus ouvriers aux revenus patronaux et, si l'on veut y regarder de près, partout, d'une façon plus générale, se manifeste la reconnaissance d'une association intime entre les deux facteurs de la production.

La loi belge sur les accidents du travail en impose la réparation pour moitié aux patrons et pour moitié aux ouvriers; qu'est-ce à dire? Pourquoi le risque professionnel doit-il être supporté également par les deux parties, sinon parce que la loi reconnaît que ce risque résulte d'une œuvre commune; mais dès lors ne sera-t-il point naturel, équitable, conforme à la nature des choses, d'appliquer, dans une certaine mesure, ces principes aux bénéfices qui résultent de cette même collaboration? Ce qui est vrai pour le « damnum » ne le serait-il plus pour le « lucrum »? Les dividendes comme le risque ne dérivent-ils point de la communauté des efforts du capital et du travail? Les mêmes causes ne devraient-elles point amener de mêmes conséquences?

Les promoteurs de l'actionnariat ouvrier prennent des

exemples précis. Voici une société financière, certaines compagnies françaises de chemins de fer par exemple, qui amortit périodiquement par voie de tirage au sort quelques actions de capital. L'actionnaire capitaliste a touché ses dividendes pendant plusieurs années; il se trouve maintenant remboursé de sa mise sociale. Est-il admissible de lui remettre en outre à lui, à lui seul, l'action de jouissance qui va remplacer le titre primitif? Qu'est-ce au fond ce titre de jouissance? Quelle est sa valeur? Elle n'a aucun rapport avec le capital primitivement versé; elle trouve sa mesure exacte dans la plus-value intervenue, c'est-à-dire dans cette richesse créée, dans ce bien nouveau issu de la collaboration du capital et du travail. Ne devrait-il point appartenir, pour égale part, à l'un et à l'autre facteur de la production? Chaque action de capital remboursée ferait ainsi place à deux actions de jouissance, l'une pour le capital et l'autre pour le travail (1).

Ainsi se trouvera réalisée la formule parfaite : au travail, le salaire ; au capital, l'intérêt; à tous deux, le profit...

Ce n'est là qu'un exemple destiné à bien faire saisir l'idée fondamentale de l'actionnariat ouvrier. L'amortissement des actions de capital n'est que l'un des modes de constitution d'actions de travail; il y en a plusieurs autres, soit que dès le principe un certain nombre de titres soient réservés au travail comme rémunération d'un apport d'industrie, — c'est la formule de M. Briand; — soit, au contraire, que les actions de capital soient simplement offertes en souscription aux travailleurs. C'est — nous le verrons — la formule appliquée par le trust de l'acier en Amérique.

Presque toujours l'actionnariat ouvrier est l'aboutissement de la participation aux bénéfices. Beaucoup de statuts

(1) C'est la thèse soutenue par MM. Godart et Rome, dans leurs projets de loi sur les actions de travail.

de sociétés stipulent qu'après un intérêt fixe donné aux actionnaires, le surplus sera partagé avec les travailleurs. C'est ainsi, pour ne citer qu'un exemple, que la Compagnie d'Orléans leur réserve 15 p. c. de tout ce qui dépasse les 20 millions de dividendes réservés aux actionnaires (1). Il suffit que la participation ouvrière, au lieu d'être remise en argent, soit transformée en titres une fois qu'elle en a atteint le montant, pour constituer des actions du travail.

Qu'on me permette de résumer ma pensée sur ce premier point dans une citation. Elle est de M. George-W. Perkins, l'un des directeurs du Trust de l'Acier :

« L'union du capital et du travail ne peut être réalisée par le payement de salaires, ni par l'octroi de primes gratuites et volontaires à la fin de l'année. Les immenses progrès de l'instruction des masses, réalisés en un quart de siècle en Amérique, en développant la pensée individuelle, ont amené ce résultat qu'aujourd'hui, *entre le capital et le travail, la question n'est plus tant de savoir le taux du salaire qu'un ouvrier recevra que si ce salaire est en proportion équitable avec les bénéfices d'une affaire...* » Et il ajoutait aussitôt : « Partout où l'actionnariat ouvrier (co-partnership) a été essayé, il a admirablement réussi, et comme il s'agit d'un problème de psychologie humaine, ce qui peut être fait dans une industrie, peut l'être aussi dans toute autre. »

Rappelant ces paroles dans une conférence faite à Oxford en 1910, M. Charles Carpenter, directeur de la Metropolitan Gas Company de Londres, concluait : « Une vie passée dans l'industrie et vingt-quatre ans de pratique de l'actionnariat ouvrier, m'ont fermement convaincu de la justesse de ces vues. »

* * *

(1) Art. 54 des statuts.

Cet exposé tout théorique a eu jusqu'ici pour unique objet de montrer que mieux que le salariat, la notion du travail associé répond à la nature profonde des choses.

Quelles conséquences, directes ou indirectes, peut-on attendre de son application? Imaginons, par pure hypothèse, et sous réserve d'examiner plus tard le côté pratique des choses, que le but est réalisé. Voici les 5,000 ouvriers dont nous parlions tout à l'heure, devenus soit collectivement, soit individuellement propriétaires d'une part relativement importante du capital social, de plusieurs millions peut-être, — nous verrons bientôt que ce chiffre n'a rien de chimérique —. Quel va être sur leur cerveau de primaires le contre-coup de ce nouvel état de choses? Va-t-on les voir, suivant la prédiction de M. Briand, préservés des accès de fièvre par la possession des choses et la gestion de grands intérêts? On peut légitimement l'espérer.

Sous « l'infâme capital », l'ouvrier actionnaire va commencer à percevoir la satisfaction de légitimes aspirations. Devenu l'associé du patron, le sentiment de la solidarité qui les unit va grandir chaque jour chez lui, dans la mesure même où grandiront ses intérêts dans l'entreprise. Il connaîtra de plus près les conséquences néfastes d'une grève inconsidérée et, pour la première fois peut-être, ce prolétaire, cet impulsif, cet inconséquent va sentir sur ses épaules, le poids de la responsabilité.

Ses représentants au sein de l'assemblée générale ou du conseil d'administration, lui feront connaître les efforts de la direction, les succès, les échecs, les difficultés rencontrées et ces mandataires deviendront ainsi peu à peu, par la force même des choses, des intermédiaires naturels entre patrons et ouvriers. Au lieu d'être élus dans la bousculade d'une grève, parmi les plus violents, un naturel instinct d'intérêt personnel les fera choisir parmi les plus sages, et par leurs bons offices, beaucoup de conflits s'apaiseront avant même d'avoir pris corps.

La permanence des engagements tant souhaitée par Le Play, sera la suite naturelle du nouvel état des choses et amènera le perfectionnement de la formation professionnelle. Le contrat collectif de travail naîtra spontanément du système, mais tandis que seul il laisse face à face et séparées les deux parties contractantes, ajouté à l'actionnariat ouvrier, il les associe intimement, et l'on passe ainsi, suivant le mot de M. Charles Gide, du régime de séparation de biens à celui plus parfait de communauté d'acquets (1). Si le contrat collectif n'a pas pris jusqu'à présent l'essor que l'on pouvait espérer, la raison fondamentale n'en serait-elle point l'absence de responsabilité réelle de l'une des parties? L'article 1101 du Code civil, qui définit le contrat, a pour contre-partie obligée l'article 1142, qui précise les conséquences de sa violation.

Le jour où, comme il est juste, le groupement ouvrier répondrait dans son capital de ses manquements contractuels, ne croit-on pas que bien des choses changeraient d'aspect? L'action collective alors deviendrait le correctif, la garantie et le gage du contrat collectif.

Il n'est point question de limiter en rien la liberté du patron dans la direction générale de son affaire, mais il est bien certain que la présence d'ouvriers intelligents et adroits, aux assemblées générales et aux conseils d'administration, lui apporterait une compétence particulière dans ce que l'on a appelé « la technique interne » de l'entreprise (2).

Un soin plus attentif des machines-outils et des instruments de travail; la diminution des prix de revient par la

(1) Préface de l'ouvrage de M. Jean Granier. *Les Actions de travail*. Paris, Larose, 1910, p. VI.

(2) E. Antonelli, *Les Actions d travail*, p. 115. Paris, Alcan, 1912.

réalisation d'une foule de petites économies appréciables par leur ensemble; l'augmentation de la productivité ouvrière, seraient la conséquence certaine de l'intérêt des travailleurs dans « leur » affaire.

Enfin, et l'on ne saurait trop y insister, l'actionnariat ouvrier, c'est la préoccupation professionnelle supplantant peu à peu la haine de caste; c'est la résurrection, sous une forme nouvelle, de l'union corporative, pivot des œuvres sociales, centre organique de vie autonome et décentralisée.

II.

Les Expériences.

Ce sont là simples espérances et je ne les ai résumées ici que pour mieux permettre d'en juger la valeur à la lumière des expériences que nous allons examiner maintenant.

En attendant, une conclusion aussi modeste que légitime peut, je crois, se dégager de cette première partie: l'actionnariat ouvrier est une tentative intéressante, et si la chose est pratiquement réalisable, elle est certainement théoriquement désirable. Mais est-elle pratiquement réalisable? C'est ce qu'il nous reste à envisager.

Arrachons-nous donc à l'atmosphère sereine des principes pour redescendre sur le terrain tout prosaïque des faits. Je voudrais accorder ma méthode à cette position nouvelle, et pour éviter à cet exposé tout caractère doctrinal, me borner à résumer quelques tentatives en en soulignant le succès ou l'échec, de façon à découvrir, par voie d'éliminations successives, le mode le meilleur d'association du capital et du travail.

Les coopératives de production constituent le type par excellence de l'actionnariat ouvrier, puisqu'en principe, tous les travailleurs et les travailleurs seuls y sont actionnaires. L'exemple le plus connu de ce régime appliqué à la grande industrie est le familistère de Guise (Aisne), fondé par J.-B.-A.Godin et qui possède à Schaerbeek (158, quai des Usines) une importante succursale comprenant à elle seule près de 500 ouvriers. On a beaucoup parlé de l'initiative de Godin; on la connaît très mal et j'ai pu m'en rendre compte en comparant les détails publiés par des auteurs très avertis aux renseignements qui m'ont été fournis par la direction même, avec la meilleure grâce. L'institution est très complexe et je me bornerai à en indiquer les grandes lignes le plus clairement possible.

La pensée de Godin se résume toute entière dans cette maxime : « Créer le bien-être au profit de ceux qui sont privés du nécessaire sans rien enlever à ceux qui possèdent la richesse ». Le 13 août 1880, Godin faisait apport à la société en commandite simple créée par lui,d'une somme de 4,600,000 francs pour laquelle il recevait un certificat d'apport.

Dès l'année suivante, sur les bénéfices nets, une somme de 400,000 francs était remboursée au fondateur. Son certificat d'apport se trouvait réduit à 4,200,000 francs et par un simple mouvement d'écritures, une somme égale de 400,000 francs était inscrite en certificats d'épargne ou si l'on veut en actions, au profit des travailleurs admis au rang de « participants ». Chacun de ceux-ci recevait un titre, sur lequel était portée la part lui revenant pour l'année écoulée; l'année suivante,cette part s'accroissait des nouveaux bénéfices réalisés et, dans la même proportion, le certificat d'apport de Godin se réduisait, jusqu'à ce qu'enfin, en 1897, il disparut complètement.

Tout le capital se trouve, dès lors, réparti entre les travailleurs sans que ceux-ci aient rien eu à débourser ; sans doute, suivant sa formule, le fondateur remboursé n'est point privé de sa richesse, mais il ne s'en trouve pas moins bel et bien exproprié de son entreprise.

Mais Godin n'a pas entendu limiter ces bienfaits aux membres « participants » d'une époque déterminée ; il faut que le régime se perpétue et, tout comme tout à l'heure les certificats d'apport, les parts d'intérêts ouvriers seront lentement remboursées, en commençant par les années les plus reculées, et une somme égale inscrite en même temps au nom des « participants » de l'année en cours. (1)

Ainsi un ouvrier qui sera resté à l'Usine de 1900 à 1913, se verra verser cette année, au pair et en espèces, le montant de sa part d'intérêt pour 1900 en même temps qu'une somme égale sera inscrite sur son titre, pour l'année 1913. S'il a, au contraire, quitté l'Usine, en 1912, sa part d'intérêt de 1900 lui est payée, mais la somme sera inscrite au nom des seuls participants demeurés dans l'affaire.

On voit que par ce système aussi ingénieux que subtil, bien que l'octroi des parts entraîne au profit des ouvriers, une propriété pleine et entière, ce sera toujours finalement ceux

(1) Voici quelle est la répartition des bénéfices : Après les amortissements et la réserve, un premier intérêt de 5 p. c. est versé en espèces aux « participants » en plus de leurs salaires ; le surplus constitue les bénéfices nets sur lesquels :

1° 25 p. c. sont réservés aux « capacités », Direction, etc. ;

2° 75 p. c. sont répartis au marc le franc entre le *capital* (représenté par les 5 p. c. versés aux titulaires de parts d'épargne) et le *travail* représenté par le total des salaires.

Ainsi, si nous supposons la part des bénéfices à partager s'élevant à 400,000 frs, il faudra répartir cette somme au marc le franc entre l'intérêt du capital à 5 p. c. (soit 300,000 francs par hypothèse) et le total des salaires (3 millions) et il reviendra donc au premier de ces postes 36,000 francs, qui y seront ajoutés et versés en espèces, et au second, 364,000 francs, qui serviront à rembourser au pair et en espèces la part d'intérêt de 1900, par exemple, et seront en même temps portés sur les titres comme part d'intérêt de 1913.

qui font vivre l'entreprise qui seront en possession de ses biens.

Les cessions de parts doivent être autorisées par le Conseil de Gérance (statuts, art. 52), elles sont en fait toujours refusées aux ouvriers pendant leur séjour à l'Usine.

L'entreprise est dirigée par un administrateur-gérant revêtu des pouvoirs les plus étendus. Seul il représente la société vis-à-vis des tiers; seul il nomme et révoque tous les employés et fonctionnaires (statuts, art. 72); seul il décide des questions soumises à l'assemblée générale (statuts, art. 73) et dont celle-ci ne peut s'écarter (statuts, art. 64); seul il peut autoriser, et dans certaines conditions seulement, les modifications aux statuts (art. 138). Il est assisté dans sa tâche par un conseil d'administration ou de gérance; mais comme celui-ci, en dehors de trois mandataires du personnel, se compose exclusivement de tous les chefs de service (statuts, art. 82), on aboutit finalement à cette situation paradoxale d'une entreprise, propriété exclusive des ouvriers, et administrée en pratique par une petite oligarchie qui se recrute par cooptation.

Ce renversement des rôles, cette masse ouvrière de plus de deux mille hommes dirigée par des chefs qui sont ses employés, ses commandités, et ne dépendent cependant en fait point d'elle, était de nature à aliéner à Godin bien des sympathies qu'aurait dû lui valoir son geste magnanime. Il songeait, paraît-il, à la fin de sa vie, à modifier complètement son œuvre ; il n'en eut pas le temps, mais en dépit de toutes les précautions prises, j'ai peine à croire que la situation actuelle, anormale et contradictoire, puisse durer indéfiniment. Le familistère de Guise me fait songer à un géant que quelque fée malfaisante contraindrait à marcher perpétuellement la tête en bas. Sa santé se ressent de cette pénible attitude et je crains qu'un jour où l'autre l'apoplexie le guette.

N'y a-t-il donc rien à tirer de cette expérience ? Bien loin de là, j'y trouve deux indications également précieuses :

La première : on ne renverse point impunément l'ordre naturel des choses. Un propriétaire doit avoir la gestion de son bien. Si l'on juge les ouvriers incapables de diriger une affaire, il ne faut point leur en faire le total abandon sous peine de créer une situation fausse et fertile en malentendus.

Et voici la seconde conclusion. L'actionnariat ouvrier est possible, il est réalisé en fait sous la législation actuelle et si je ne craignais de me faire mal entendre, je dirais : l'expérience de Godin est un échec au point de vue moral, mais un succès au point de vue économique. Sans secousse et sans heurt, les travailleurs sont devenus de petits capitalistes et, pendant trente-trois ans, aucune grève n'est venue troubler la paix de l'usine. Bien que privés de la direction qu'ils sentent confusément leur être due, ils sont retenus par la solidarité d'intérêts née de la copropriété et cette leçon ne doit pas être perdue. Il serait donc possible dès aujourd'hui à une Société d'abandonner à son personnel une partie du fonds social préalablement amortie et ces parts remises aux ouvriers appelés au rôle « d'actionnaires » pourraient se transmettre successivement, absolument comme dans le système de Godin.

Par ce moyen, tout en conservant la direction aux détenteurs de la majorité des actions, on pourrait espérer de réaliser entre les deux facteurs de la production la même solidarité que l'on constate à Guise et à Schaerbeek.

***

En dépit d'un titre inexact, le familistère de Guise ne réalise point l'association du Capital et du Travail, mais bien plutôt la fusion des deux éléments dans le chef des ouvriers. La paix sociale est ainsi obtenue par la suppression de l'un des deux adversaires en présence; ce n'est point là ce que nous cherchons.

C'est en Angleterre que nous trouvons les premières véritables applications d'un régime d'association du Capital et du Travail par l'actionnariat ouvrier. Certaines compagnies du gaz l'ont introduit depuis plus de vingt-cinq ans et dès 1909, le « Co-partnership Journal » énumérait « cent douze maisons anglaises et écossaises représentant un chiffre d'affaires de plus de 100 millions de francs » où le système fonctionnait normalement.

Les grèves de 1912 accentuèrent ce mouvement. On lisait dans le numéro de *The Outlook* du 2 mars 1912 :

« La fermeture de nos houillères ne peut avoir pour la nation que de très graves conséquences : l'arrêt de nos filatures et l'extinction des cheminées de nos fonderies; des capitaux énormes sans emploi; la misère dans des milliers de familles ouvrières; la révolution... Ce sont là des éventualités que peu d'entre nous envisagent avec sérénité. Etant donné que le principe de l'actionnariat ouvrier (*co-partnership*) a été introduit et fonctionne avec succès dans les usines de grandes compagnies du gaz et dans d'importantes manufactures dirigées par des chefs d'industries renommés, le système a droit à un examen sérieux. La participation avec copropriété ne peut-elle être adoptée dans l'industrie minière comme elle l'a été dans l'industrie du gaz et d'autres affaires considérables (1)? »

Au 30 juin 1913, 141 maisons vivent en Angleterre sous le régime de l'actionnariat ouvrier (2); parmi celles-ci, les

(1) *Bulletin de la participation*, 1912, p. 55.

(2) Sur ce total, 139 de ces firmes comprennent 106,097 ouvriers actionnaires. *The Board of Trade Labour Gazette*, septembre 1913.

31 compagnies du gaz représentant à elles seules, un capital de 51,558,302 £ soit 1,288,957,550 francs. Elles ont attribué à leur personnel, jusqu'à l'an dernier, une valeur de 22,760,350 francs (£ 910,414) en titres. Pour l'année dernière seule, la part des ouvriers dans le capital s'est accrue de 2,320,150 francs (£ 92,804), elle s'élèvera encore en 1913 de 3,250,000 francs (£ 130,000). Le nombre des participants est d'environ 28,000.

Ces simples chiffres ont bien leur éloquence et suffisent à montrer que nous nous trouvons en présence d'un ensemble d'expériences intéressantes. J'ajouterai un dernier détail plus édifiant encore :

Le rapport présenté l'an dernier au Parlement par le *Labour Department* sur les résultats de la participation aux bénéfices et de la *co-partnership*, cite 137 cas d'abandon du système de la participation ; la cause, presque toujours la même, est indiquée en regard : *Dissatisfaction with results* ; nous trouvons en parallèle 10 cas seulement d'abandon du système de l'actionnariat ouvrier ; ils proviennent tous de la cessation des affaires (1).

En réalité, à ce jour, un seul échec notoire de la *co-partnership* peut être noté ; celui des chantiers de constructions navales de sir, aujourd'hui lord Furness. Cet insuccès est dû à des causes tout à fait spéciales, étrangères au système lui-même ; j'aurai soin de les préciser tout à l'heure.

Il me serait impossible d'examiner — fût-ce très succinctement — toutes les applications de l'actionnariat ouvrier ; aussi, fidèle à la méthode indiquée, me bornerai-je à l'étude de quatre types différents du système, trois en Angleterre — Port Sunlight, les chantiers Furness, les compagnies du gaz — et un en Amérique, le Trust de l'acier.

(1) *Report on Profit-Sharing and Labour Co-partnership in The United Kingdom*, pp. 103 et 108.

Avant d'aborder cet objet, je crois devoir adresser l'expression de ma bien vive reconnaissance à ceux qui ont facilité ma tâche d'enquêteur et plus particulièrement au « Labour Department » anglais, à M. Charles Carpenter, l'éminent président de la « South Metropolitan Gas Cy » de Londres, à la « Labour Copartnership Association » et à la Légation de Belgique à Londres.

* * *

Les actions de travail proprement dites se distinguent en actions individuelles ou collectives, suivant qu'elles sont dévolues personnellement aux ouvriers ou, au contraire, collectivement au groupement des travailleurs.

Aucune tentative d'actions collectives du travail, à ma connaissance, n'a été faite jusqu'à présent; elle n'aurait pu l'être du reste sur le continent du moins, en l'absence d'une disposition législative créant l'être moral nécessaire.

Les actions individuelles se partagent à leur tour en actions *temporaires* ou *définitives*.

Les actions *temporaires* ont été inspirées par la pensée de rendre le plus grand nombre possible d'ouvriers actionnaires et de limiter cette faveur aux seuls ouvriers de l'usine, deux desiderata également difficiles à réaliser au moyen de l'action *définitive* qui fait de l'ouvrier un véritable capitaliste. S'il quitte l'usine, il emporte sa part; s'il meurt, il la laisse à ses héritiers. De là est née tout naturellement la pensée de borner la jouissance de l'action, à la durée du séjour à l'usine.

C'est ce qui a été réalisé, en Angleterre, par les frères Lever dans leur célèbre fabrique de savon de Port Sunlight. Partis de la simple participation aux bénéfices ou « profit-sharing », les frères Lever se rendirent compte, en 1908, que pour que les travailleurs sentissent la solidarité qui les unit au capital, il fallait les faire participer aux pertes, ce qui n'est pratiquement possible que par l'actionnariat (1). Au surplus, il n'est aucunement question ici de philanthropie mais uniquement de favoriser le succès de l'entreprise.

Tout ouvrier âgé de 25 ans au moins, après 5 ans de séjour à l'usine, peut demander un certificat de « copatnership » aux « trustees » ou mandataires du patron qui en font la remise d'après les instructions reçues. Ces certificats d'une valeur nominale chacun de 1 livre st. varient suivant la durée des services et le montant des salaires annuels sans jamais dépasser 10 p. c. de ceux-ci. L'ouvrier devient alors actionnaire, « stockholder », de l' « ordinary stock » et participe aux dividendes comme un associé ordinaire sans avoir aucun droit d'administration. La durée de la jouissance des actions se confond avec celle des services à l'usine sauf si le départ est occasionné par l'âge ou la maladie, mais en tout temps, les certificats peuvent être retirés pour inobservation des engagements très stricts exigés.

Les résultats obtenus peuvent se résumer de la façon suivante : en 1909, 1,041 ouvriers étaient devenus actionnaires pour une somme de 113,000 liv. st. La participation ouvrière s'élève à ce jour à 335,529 livres soit 8 millions 388,225 francs. Dans la seule année 1912, elle s'est accrue de 806,975 francs (32,279 livres.) (2).

Laissant de côté toutes les difficultés d'ordre pratique que ce système entraîne, je me bornerai ici à quelques remarques générales. L'action temporaire, simple faveur patronale, n'aura jamais pour effet de faire de l'ouvrier un associé, ce qui est cependant le but poursuivi. Une propriété temporaire n'est

(1) *Partnership scheme. Meeting of Lever Brothers Limited*, 25 Fév. 1909, pp. 7 et 8. Cité par GRANIER. *Les actions de travail*, p. 134.

(2) *The Labour Co-partnership association. Twenty Sevent Report* 1912, p. 21.

pas une propriété; il est inexact de parler ici d'actionnariat ouvrier, il s'agit tout simplement d'une forme particulière de participation aux bénéfices. M. Waxweiler a dit de la tentative de Port-Sunlight : « Ce sont là tout simplement, en langage d'homme réaliste, des primes à l'ancienneté, des gratifications de fin d'année pour les ouvriers qui sont restés un certain temps dans l'établissement. Assurément, bien des entreprises ont pris de telles initiatives fort louables sans doute, mais elles n'ont jamais songé à leur donner le nom pompeux d'actionnariat ouvrier. Peut-être ont-elles eu tort après tout : si à Port-Sunlight, on avait appelé l'institution nouvelle du simple nom de prime à l'ancienneté, on eût moins parlé de Port-Sunlight. Or, parler de Port-Sunlight, c'est un peu, n'est-ce pas, parler du Savon Sunlight » (1).

Sans méconnaître ni les sacrifices réalisés ni même les résultats pratiques obtenus, l'on peut affirmer que les actions temporaires de travail ne réalisent point le but poursuivi. Faveurs patronales, elles ont pour effet de créer une catégorie d'ouvriers privilégiés, sans changer leur mentalité de salariés. De l'action reçue, ils garderont uniquement le souvenir d'une dette de reconnaissance; ce sont, paraît-il, celles qui se pardonnent le moins facilement...

Si l'on peut parler du caractère fictif des actions temporaires, il ne saurait plus en être ainsi quand elles sont définitives. Je me bornerai à l'examen des trois principales expériences.

* * *

Le Trust de l'acier est un champ d'expérience remarquable. Il constitue en effet l'une des affaires les plus colossales du monde, réalisant environ 500 millions de bénéfices annuels

(1) Les actions de travail, Causerie donnée à la Fédération des Industriels et commerçants français. Mars 1910. *Extrait du Bulletin mensuel*, n 78.

et groupant 170,000 travailleurs. La direction décida, en 1902, de leur offrir en souscription au prix unitaire de 82 dol. 50 au lieu de 100, 25,000 actions de préférence, rachetées au cours de la Bourse, sur les gains de la corporation. Les employés-souscripteurs pourraient se libérer au moyen de versements mensuels et toucheraient sur la portion libérée, un dividende limité d'avance à 7 p. c. (sauf certaines allocations supplémentaires d'ancienneté). Par contre, en cas de liquidation, ils seraient remboursés sur le même pied que les obligataires. De façon à favoriser les petits employés, la portion de capital que chacun pourrait acquérir était limitée en raison inverse du montant des salaires.

En 1909, devant le succès de la première souscription, une nouvelle offre de 18,000 actions de préférence et de 15,000 actions ordinaires fut faite au personnel. En ces six années, 25,000 ouvriers environ étaient devenus actionnaires et aucun conflit n'avait éclaté entre employeurs et employés (1) ; et cependant déjà à cette époque, la pratique avait fait ressortir différentes défectuosités du système.

Dans le monde ouvrier, facilement soupçonneux, on y voyait pour les patrons, un moyen commode de trouver des capitaux et ces soupçons s'accrurent quand le Trust émit 300 millions de dollars d'obligations à fort intérêt, primant les titres du travail.

A côté des qualités de petits capitalistes, les travailleurs ont pris aussi leurs défauts et se sont transformés en spéculateurs. Les titres achetés à 82 dollars 50 en 1902 ne valaient plus quelque temps après que 70 et même 60 dollars pour remonter ensuite à 120. Que devient l'épargne ouvrière au milieu de ces crises industrielles et n'est-il pas à craindre,

(1) GRANIER, *ouv. cité*.

en dépit de toutes les garanties données, que l'ouvrier, pris de panique, aliène ses actions dans le moment le moins propice? Et dans le cas contraire, les résultats ne seront guère meilleurs; après avoir vendu avec profit, ses titres, l'ouvrier ne se sentira pas plus l'associé de son patron qu'avant leur acquisition. Tout au plus lui saura-t-il gré de la bonne affaire réalisée et le but même de l'institution sera manqué.

L'achat des titres au moyen de retenues sur les salaires constitue une défectuosité grave et pas plus ici qu'au Familistère de Guise ou à Port-Sunlight, on ne trouve le type parfait d'association du capital et du travail que nous recherchons, mais il est d'autant plus intéressant de constater les résultats obtenus. Après dix années de pratique, bien loin de renoncer au système, la direction l'accentue sans cesse. En 1911, 25,000 nouvelles parts du capital furent souscrites par le personnel. Environ 30,000 collaborateurs sont aujourd'hui actionnaires de l'entreprise et possèdent, d'après les renseignements publiés par le *Hardware Reporter*, 150 millions du fonds social (1).

***

On retrouve dans le système appliqué par Sir Christopher Furness à ses chantiers de constructions navales, une partie des mêmes inconvénients que dans le Trust de l'acier, ajoutés à d'autres. Ici encore, le but était tout intéressé : D'après les calculs de Sir Furness, les nombreuses grèves de l'année 1908 avaient fait perdre au travail environ 21 1/4 p. c. du total des salaires et au capital environ 9 1/4 p. c.; dans sa pensée, il s'agit avant tout, par un sys-

(1) *Bulletin de la participation aux bénéfices*, 1912, p. 127. — On trouvera en Appendice des détails plus complets sur les nombreuses applications de l'Actionnariat ouvrier en Amérique

tème nouveau, « d'assurer une main-d'œuvre régulière et constante ».

Le 3 novembre 1908, une convention était signée pour un terme de douze mois avec tout le personnel : Sous peine d'exclusion, chaque ouvrier devait souscrire et payer par prélèvement sur le salaire, 10 actions d'une livre. Il ne pouvait faire partie de Trade-Unions ni se mettre en grève pour quelque cause que ce fût. En compensation, il recevrait un intérêt de 4 p. c. de son argent et la moitié des bénéfices distribués au capital après que celui-ci ait touché un intérêt de 5 p. c.

Les premiers mois permirent les plus grands espoirs et Sir Furness notait avec satisfaction que « sous le régime nouveau, tout navire construit ou réparé a été livré dans les délais impartis par les termes du contrat » et que même parfois ce terme n'était pas atteint (1).

A la fin de l'exercice, les ouvriers reçurent 9 p. c. par action au lieu des 4 p. c. promis et cependant, par 354 voix contre 302, ils demandèrent la résolution de la convention. C'est que, suivant l'expression de l'un d'eux, « s'il est désirable que les ouvriers puissent devenir actionnaires de leur établissement, ils doivent avant tout, rester des hommes libres. Comment Sir Christopher Furness peut-il concilier sa déclaration qu'il ne touchera en rien à l'indépendance des ouvriers, avec cette autre que si les ouvriers se mettent en grève, on conservera le dépôt qu'ils ont confié à leurs patrons (2) ».

Il est impossible de marquer plus nettement que l'ère du patronalisme est passée et que l'on ne peut songer à faire tout à la fois de ses ouvriers, des associés et des enfants en tutelle. D'autre part, les prélèvements obligatoires devien-

(1) Cité par Et. ANTONNELLI, *Les Actions du travail.*
(2) The Cotton Factory Times, cité par WAXWEILLER, *Les Actions du travail.*

nent une charge beaucoup trop lourde pour les petits salariés qui ne peuvent user de ce dépôt même dans le cas de chômage involontaire.

*
* *

Où en sommes-nous? Des quatre expériences examinées jusqu'ici, trois présentent de graves défectuosités. Le Familistère deGuise renverse les conditions normales des choses en enlevant la direction aux propriétaires du capital; à Port-Sunlight, les actions ouvrières sont une gratification plutôt qu'un titre d'association; le Trust de l'acier, enfin, expose les économies ouvrières. Malgré ces conditions défavorables, ces expériences se poursuivent à la satisfaction de ceux qui les dirigent et constituent en définitive un succès. La tentative de lord Furness aboutit au contraire à un échec, mais il est dû à des causes étrangères à l'actionnariat ouvrier. Aucun de ces systèmes ne réalise donc l'idéal poursuivi. Le trouverons-nous donc dans les Compagnies du gaz anglaises?

Elles représentent, jusqu'à présent, l'exemple le plus complet et le plus péremptoire des résultats obtenus par les actions du travail. Ici, les salaires ouvriers ne serviront plus à l'achat de titres au cours variable et irrégulier, comme dans le Trust de l'acier ou les Chantiers Furness. Le point de départ se trouve dans la simple participation aux bénéfices introduite par M. G. Livesey en 1889, dans la South Metropolitan Gas Company.

En voici l'origine : chaque année, le prix officiel du gaz (standard price) une fois déterminé, l'acte de concession impose à la société l'obligation de faire bénéficier ses actionnaires de toute réduction de tarif que le perfectionnement du matériel, l'amélioration de la productivité du travail ou d'autres circonstances favorables lui permettra de réaliser. Cette échelle mobile, « sliding scale », ne s'indiquait elle point bien mieux encore au profit des travailleurs? Ne pourrait-on par ce moyen, faire coïncider l'intérêt des actionnaires et des ouvriers à réduire les frais de production et par là-même les prix de vente?

Ainsi si le « standard price » est de 3 schelling 2 les 1,000 pieds cubiques, comme en 1910, pour chaque penny de réduction en dessous de ce chiffre, actionnaires comme ouvriers recevront une part des bénéfices. Si le prix est de 3 schelling, l'ouvrier recevra 3/4 p. c. de son salaire, 6 p. c. si le prix descend à 2 schelling 5, 9 p. c. s'il s'abaisse à 2 schelling 1 et ainsi de suite.

Ce n'est là, jusqu'à présent, que de la participation aux bénéfices; mais en 1894, la direction décida de faire un pas de plus et au lieu de verser complètement en argent, la part qui revenait au travail, d'en affecter la moitié à l'achat d'une portion de l'« ordinary stock », au profit des ouvriers qui souscriraient un contrat de travail d'une certaine durée.

Si l'on suppose qu'un ouvrier ait droit à recevoir 9 p. c. de son salaire et que ce supplément représente 200 francs, il recevra de la Société 100 francs en numéraire et un titre de 5 liv. st. racheté au cours de la Bourse. En 1913, par exemple, la South Metropolitan Gas Company acquerra environ 48,000 liv. st. de titres qui lui seront remboursés — si l'on peut ainsi parler — par ses 6,000 ouvriers sur leur part des bénéfices. Ceux-ci recevront, en outre, comme tout actionnaire, un intérêt de 5.94 p. c. sur les titres possédés par eux. La moyenne de la participation ouvrière dans le capital est de 50 liv. st. par tête, mais certains travailleurs possèdent 500 et même 600 livres de titres.

Les parts infimes sont inscrites au nom de trois « Trustees » ou mandataires (un directeur, un copartner employé et un copartner ouvrier) jusqu'à ce qu'elles aient atteint la valeur de 5 liv. st. Elles sont converties alors en un titre de cet import.

La cession des parts est libre entre participants. Faite à un tiers, elle n'est point nulle, mais peut entraîner, si les circonstances commandent la réduction du personnel, la rupture du contrat de travail. Mais il importe de faire remarquer que la société se montre toujours disposée à racheter les titres des ouvriers pour leur permettre l'acquisition d'une maison ou d'autres motifs légitimes. C'est pour cette raison que bien qu'ayant abandonné depuis l'origine 13,500,000 francs (540,000 liv. st.) de titres à son personnel, celui-ci n'en possède cependant à l'heure actuelle, qu'environ 8,750,000 francs (350,000 liv. st.) sur un capital total de 225 millions de francs.

Les ouvriers actionnaires sont représentés au sein du conseil d'administration par trois délégués.

Voilà le système tel qu'il fonctionne aujourd'hui et tel qu'il avait été esquissé dès 1889, par M. G. Livesey. M. Charles Carpenter, le directeur actuel de la société, a raconté les difficultés innombrables rencontrées à cette époque, tant du côté de la direction hostile à ce qu'elle considérait tout à la fois, comme une abdication morale et une perte pécuniaire que, chose plus remarquable, du côté des Trade Unions. Aussitôt qu'il eut connaissance de ces projets, le Syndicat des chauffeurs exigea de la société le renvoi immédiat des trois ouvriers ayant accepté de signer le nouveau contrat de travail et le retrait du système. Devant le refus de la compagnie, tous les ouvriers syndiqués se mirent en grève après un préavis de huit jours et, dignes précurseurs de M. Pataud, avertirent en même temps les habitants de Londres que si cette première grève échouait, elle serait bientôt reprise et priverait la ville de lumière sans aucun préavis.

La ténacité de M. Livesey vint à bout de tous les obstacles et son successeur constate qu'aujourd'hui, les syndiqués sont tout aussi empressés que les autres à bénéficier du nouveau régime (1). Quel a été le résultat pratique de son introduction ?

Au point de vue patronal tout d'abord, l'abaissement du prix de revient est très sensible et la différence a atteint 1/4 entre la South Metropolitan Gas Cy et les autres sociétés. Pour l'année 1897, par exemple, la moyenne du prix de revient est 4 sh. 22 dans la « Chartered » et la « Commercial » alors qu'elle n'est que de 2 sh. 78 dans la South Metropolitan. En faisant la contre-épreuve, avant l'introduction de la copartnership, on constate que cette situation est exactement renversée. Le prix de revient dans la « South Metropolitan » s'élève à 4 schelling 25 ; il n'est que de 3 schelling 75, en moyenne, dans les deux autres compagnies (2).

« Que m'importe, me disait M. Carpenter, d'abandonner à mes ouvriers 9 p.c. de leurs salaires, si je regagne 20 p.c. sur le rendement du travail. La différence est du profit net. » — On a prétendu que l'actionnariat ouvrier avantageant uniformément tous les travailleurs, aucun ne trouverait de stimulant personnel pour activer son travail. Les faits répondent péremptoirement à cette objection : partout la puissance de production s'est accrue dans les mêmes proportions.

Nous avons vu que la moyenne des parts de capital possédées par les ouvriers n'était guère que de 50 livres par tête et cependant telle est la force du sentiment de co-pro-

(1) Charles Carpenter. *Are Trades Unionisme and Co-partnership incompatible ?* London, 1913, pp. 5-6.

(2) Ces calculs sont établis d'après les chiffres publiés par M. Jean Granier, dans son ouvrage sur les actions de travail.

priété qu'entre les deux facteurs de la production, des liens de solidarité profonde se sont noués. Il y a là un fait qu'il est impossible de ne pas reconnaître et qui trouve son expression caractéristique dans cette réponse aux meneurs socialistes, d'un mécanicien, modeste possesseur de deux actions de 5 livres « Well, I cannot strike against myself.— Je ne peux cependant pas me mettre en grève contre moi-même ! » — C'est qu'à côté et au-dessus des revenus annuels, l'ouvrier sait qu'en cas de liquidation, il aurait sa part de l'actif; il contribue par l'intermédiaire de ses représentants, à la gestion journalière de l'entreprise. C'est par là que l'affaire devient « son » affaire. — Cette évolution de la mentalité ouvrière par la « copartnership » a été constatée par tous les observateurs impartiaux et c'est un adversaire de l'actionnariat ouvrier — M. Germain Martin — qui le reconnaît : « La prospérité du système est accusée à ce point, que les travailleurs s'intéressent aux accroissements des dividendes (1) ».

Cet attachement des ouvriers à l'entreprise éclate de toutes les manières dans les compagnies du gaz anglaises. Au début du système, des titres étaient vendus dans les cabarets; il n'en est plus jamais ainsi aujourd'hui, malgré la fluctuation du cours des actions, oscillant entre 150 et 110 livres. Les ouvriers agissent comme de bons pères de familles; leur argent est placé dans une affaire qui a leur confiance, ils en touchent le revenu sans se soucier des mouvements de Bourse.

Ce qui démontre mieux encore peut-être l'union intime créée entre employeurs et employés par la «copartnership», c'est l'attitude des travailleurs dans les années maigres. Tous les systèmes sont bons, quand ils rapportent de beaux

(1) Cité par ANTONELLI. *Les Actions de Travail*, p. 116.

dividendes, mais qu'adviendrait-il en cas de diminution de bénéfices? Deux circonstances successives permettent de répondre péremptoirement à la question : En 1889, la part des ouvriers était de 9 p. c. des salaires; elle tombe l'année suivante, à 5 p. c. et en 1892, à 3 p. c. M. Carpenter m'a avoué que la direction ne fut point à ce moment, sans éprouver quelque inquiétude, mais elle fut bientôt rassurée, les délégués ouvriers étant venus lui déclarer spontanément, que par une activité nouvelle, ils entendaient s'efforcer de diminuer les prix de revient et d'accroître ainsi leur participation, ce qui se réalisa en effet, l'année suivante.

Dix années plus tard, les mêmes circonstances se représentent : de 9 p. c. en 1900, la participation ouvrière tombe à 3.3/4 p c. en 1901. La réponse fut toujours la même. Voilà le point de vue ouvrier à côté du point de vue patronal.

Dans ces entreprises, en dépit du terrible mouvement des grèves de 1912, jamais la paix n'a cessé de régner entre le capital et le travail. « Pas de grève ni même de crainte de grève », me dit M. Carpenter; et il ajoute non sans une légitime fierté qu'en 1912, dans l'immense port de Londres réduit à l'immobilité, seuls les navires au service des Compagnies du gaz continuaient à débarquer leurs marchandises.

Devant de pareils résultats, on conçoit la satisfaction des promoteurs de l'actionnariat ouvrier.

M. Livesey, alors président de la « Metropolitan Gas Cy » disait déjà en 1910 : « Ce régime s'est montré également avantageux au point de vue pécuniaire et au point de vue moral, aussi bien pour les employés que pour la Compagnie. On ne pourra rien trouver de mieux pour réconcilier et réunir le capital et le travail. » Et son sucesseur, M. Sims, ajoutait l'année suivante : « Je puis certifier que ce régime a fait un bien incalculable dans notre affaire et contient d'immenses possibilités de progrès pour les autres entreprises (1) »

Et voici, enfin, l'appréciation de M. Carpenter, le directeur actuel : « Quels ont été pour la Compagnie, les résultats de cette co-association ? Nous avons joui de vingt-deux années de paix industrielle. Nos hommes mettent non seulement de la bonne volonté mais de l'intelligence dans l'accomplissement de leur tâche. Songez à la différence pour une entreprise, entre un ouvrier de bonne ou de mauvaise volonté. Quel changement dans le pourcentage de rendement ! *Nos travailleurs portent le drapeau de notre affaire dans toute la contrée que nous éclairons... Nous disposons de leur cœur comme de leurs muscles*, et quelles que soient les difficultés inhérentes à l'industrie du gaz, ils sont toujours prêts à nous aider des connaissances pratiques que si souvent dans ces matières, peut seule donner une expérience journalière (2). »

« Nous disposons du cœur de nos ouvriers comme de leurs muscles », telle est la conclusion que le chef de l'une des plus puissantes entreprises d'Angleterre croit pouvoir tirer d'une expérience de vingt années d'actionnariat ouvrier. Je crois que sans emballement ni parti-pris, elle mérite une sérieuse considération.

Avant de quitter les Compagnies anglaises, quelques remarques s'imposent :

Toutes les Compagnies qui ont introduit la co-partnership reconnaissent aux ouvriers le droit d'entrée aux assemblées générales, mais au début du système en Angleterre, la plupart leur ont refusé l'éligibilité au Conseil d'administration. Au contraire, les Compagnies qui ont une expérience plus longue de la co-partnership, — comme la South

(1) Cité dans la *Réforme sociale*, 1er avril 1913, p. 474.

(2) Ch. Carpenter, *Co-partnership in industry*, p. 6.

Metropolitan et la South Suburban — ouvrent l'accès du Conseil aux ouvriers Stockholders aussi bien qu'à n'importe quel capitaliste.

Une remarque similaire s'impose en ce qui concerne l'entrée des ouvriers dans les Trade-Unions. L'hostilité des débuts a fait place à la plus large liberté. La direction s'est rendu compte par la pratique, que l'on pouvait faire crédit au système et qu'il suffisait par lui-même et sans aucune contrainte à créer entre le capital et le travail, la plus étroite solidarité. Aussi presque tous les ouvriers du gaz sont-ils aujourd'hui affiliés à des syndicats.

On a attribué le succès de *copartnership* dans les compagnies du gaz, à leur situation de sociétés concessionnaires d'un monopole. Mais il faut remarquer que ce privilège a de sérieuses contre-parties : restrictions dans les prix de vente, limitation des bénéfices, etc. Une réponse plus topique encore résulte des faits eux-mêmes. Dès aujourd'hui, le régime de la « coassociation » a fait ses preuves en Angleterre, en dehors de l'industrie du gaz. Nous en avons relevé déjà quelques exemples ; citons encore : la fabrique de draps Thomson et fils à Huddersfield, la maison de confection Clarke à Londres, la fabrique de lainage Taylor à York, etc. C'est que dans les entreprises exposées à la lutte commerciale plus peut-être que dans toute autre, les économies résultant de l'abaissement des prix de revient et les avantages de toutes sortes provenant de la bonne harmonie du capital et du travail sont appréciables et appréciés (1).

(1) Les résultats obtenus dans les compagnies du gaz anglaises ont été suivis avec grande attention par les ouvriers du gaz sur le continent. En 1910, à l'Assemblée générale des travailleurs du gaz à Paris, M. Lajarige, secrétaire du Syndicat national et conseiller municipal de Paris, a vivement engagé ses 3,000 auditeurs à acheter des actions de leur entreprise. « Nous obtiendrons alors qu'en 1912, l'exploitation du gaz

Le régime des compagnies du gaz anglaises va-t-il donc réaliser enfin la formule parfaite que nous n'avons trouvée ni à Guise ni à Port Sunlight ni chez Lord Furness ni dans le Trust de l'acier ?

Avant de répondre à la question, remarquons que pour atteindre son but, la *copartnership* doit pouvoir appeler individuellement à l'actionnariat, la presque totalité des ouvriers et c'est ainsi par exemple que dans la South Metropolitan Gas Company, 95 p. c. des travailleurs sont actionnaires, les 5 p. c. restant comprenant uniquement le personnel temporaire. Il faut, en effet, éviter à tout prix que les actions ouvrières deviennent l'apanage d'un petit nombre de travailleurs d'élite, objet des faveurs patronales (1); la situation serait pire qu'aujourd'hui. A côté de la lutte entre patrons et ouvriers, apparaîtrait la lutte plus lamentable encore peut-être dans ses conséquences, entre ouvriers capitalistes et non capitalistes, dont les intérêts ne concorderaient plus.

Quelle sera donc la solution dans une société se refusant à faire les sacrifices nécessaires pour rendre tous ses ouvriers actionnaires? Faudra-t-il recourir à l'action temporaire dont j'ai marqué le caractère fictif et conclure dans ce dilemme : Ou l'action temporaire pour tous ou l'action définitive pour quelques uns (2)?

Je ne le crois pas. En réalité, est-ce bien tel ou tel ouvrier considéré individuellement qu'il importe d'attacher à

soit assurée à Paris par une société au conseil d'administration de laquelle, siègeront et les représentants du capital et les représentants du travail, également responsables, également puissants ; à quoi bon la grève alors ? Nous gérerons l'entreprise pour moitié ; ainsi nous montrerons la route du prolétariat organisé... » Cité par Granier. Ouvrage cité, p. 122.

(1) C'est ce qui a été réalisé dans les mines de Carvin (Pas-de-Calais) où une modification des statuts, en 1896, a permis au conseil d'attribuer des cinquièmes ou des dixièmes d'actions aux vieux ouvriers.

(2) Ch. Gide. *L'Actionnariat ouvrier*, *Revue d'économie politique*, 1910.

l'usine ? Il entre aujourd'hui chez moi ; il peut aller demain chez mon voisin sans que l'on puisse espérer le fixer jamais d'une façon certaine. Mais au-dessus de cet essaim tourbillonnant et changeant, il y a la ruche ; il y a le corps permanent et stable de l'ensemble des travailleurs qui apporte à l'œuvre commune du capital et du travail, l'indispensable concours de sa collaboration. Ne pourrait-on imaginer un régime dans lequel tous les ouvriers d'une usine — non plus individuellement mais collectivement — deviendraient propriétaires d'une partie du capital social ?

Le contrat collectif de travail apparaît de plus en plus, comme la formule de l'avenir mais son extension, nous l'avons vu, suppose une garantie collective qui se trouverait tout naturellement réalisée par la cession au groupement des ouvriers d'une usine, d'une part du fonds social.

Je sais que ce système a soulevé des objections et avant d'examiner les formules de réalisation pratique, je tiens à les rencontrer en deux mots. M. Charles Carpenter auquel j'ai soumis l'idée, m'a répondu aussitôt : « Mais vous allez perdre le principal avantage de notre système. C'est précisément la propriété personnelle des actions qui constitue pour l'ouvrier le stimulant nécessaire. Pour traiter avec les ouvriers, il faut leur reconnaître dans une certaine mesure, nos propres sentiments : N'êtes-vous pas heureux comme moi, de savoir que vous avez là dans votre tiroir, quelques bonnes valeurs de sociétés ? Il en est de même des travailleurs. La possession individuelle des titres et leur libre disposition sont les conditions mêmes du succès. »

Je suis persuadé qu'il y a dans ces paroles une grande part de vérité, mais il ne faut point oublier cependant qu'à côté de la propriété personnelle de quelques titres, il y a dans la « co-partnership » d'autres éléments.

Si l'ouvrier aliène l'action, toute solidarité disparaît et

s'il la garde au contraire indéfiniment, comme c'est presque toujours le cas, ce n'est plus la valeur du titre qui lui imppric, mais son revenu annuel et c'est là un tout autre facteur d'union.

Par ses représentants au sein du Conseil d'administration et des assemblées générales, l'ouvrier est tenu jour par jour au courant de la marche des affaires et il a le sentiment très net de sa collaboration. Enfin, au jour lointain mais toujours possible de la dissolution, l'ouvrier sait qu'une part de l'actif social doit lui revenir.

Dividendes annuels, participation à la direction et éventuellement au partage de l'actif, voilà trois éléments puissants de solidarité économique qui se retrouvent dans l'actionnariat collectif aussi bien que dans l'actionnariat individuel. Si le groupement ouvrier est investi de la propriété du capital, rien ne s'oppose en effet à la répartition individuelle des dividendes et la dissolution de l'affaire entraînerait, de toute évidence, le partage de l'actif.

On a fait à ce système une objection d'un tout autre ordre et je ne m'y arrêterais point si ce n'était l'autorité de la personne qui l'a produite (1). On a voulu y voir « un vague collectivisme », comme s'il y avait rien de plus contraire aux tendances centralisatrices et statiques que la constitution de groupements autonomes et propriétaires ! N'est-ce point le cas de répéter l'axiome connu : Pour faire un conservateur, il suffit de donner quelque chose à conserver...? Telle paraît bien être, en tous cas, la crainte des socialistes. Le journal *The Outlook* rappelait, il y a quelques mois, la campagne menée par eux en Angleterre, contre la co-partnership (2) et dès 1909, M. Jaurès écrivait dans *l'Humanité* à propos du programme développé par M. Briand :

(1) M. Souchon, professeur à la Faculté de Droit de Paris. Séance de la Société l'Économie sociale, du 10 février 1913. *Réforme sociale*, 16 avril 1913, p. 543.

(2) « Le socialisme est certainement en mauvaise posture dans toute industrie où

« Les ouvriers qui ne peuvent s'affranchir que par un effort commun, n'accepteront pas que la classe ouvrière soit sectionnée en autant de groupes que d'usines... C'est le prolétariat dans sa totalité organique, qui doit être appelé à la propriété collective » (1).

Je ne pense pas que l'actionnariat ouvrier soit de nature à faire perdre à la classe ouvrière le sentiment de ses intérêts communs, mais je suis persuadé par contre qu'il peut amener les travailleurs d'une entreprise à sentir d'une façon plus nette, les intérêts particuliers qui les y rattachent.

Les actions de travail et plus spécialement les actions collectives de travail ont eu en France d'illustres parrains. A côté de M. Briand, il faut citer les noms de MM. Poincaré, Millerand, Ribot, Viviani, etc.

Passant à la réalisation pratique, M. Chéron, Ministre du Travail a déposé à la séance de la Chambre des députés du 19 mai 1913, un projet de loi qui doit venir incessamment en discussion. La disposition essentielle de cette proposition est renfermée dans les articles 74 et 75. Le premier décide que « les actions de travail sont la propriété collective des salariés » attachés à l'entreprise depuis un certain délai fixé par les statuts, mais qui ne peut excéder deux ans; les dividendes seuls seront répartis individuellement. Le second dispose que les actions inscrites au nom de l'ensemble des ouvriers, sont « inaliénables pendant toute la durée de la société et frappées d'un timbre en indiquant l'inaliénabilité. »

se pratique la participation avec copropriété dans l'entreprise... Cette copropriété est toute indiquée comme l'antidote de l'évolution socialiste et l'on doit rappeler à ce sujet, que lors de l'échec de lord Furness dans ses chantier de Hartlepool, la joie des socialistes ne connut plus de bornes. C'est du reste à leurs menées qu'est dû cet échec. » *The Outlook* du 2 mars 1912. Cité dans le *Bulletin de la participation aux bénéfices*, 1912, p. 57.

(1) *Humanité* du 29 mai 1909. Cité par M. Godard dans les développements de son projet sur les actions de travail. Annexe au procès-verbal de la séance du 17 mai 1909.

Ainsi donc, dans les sociétés qui adopteront ce régime, en dehors de toute étiquette politique ou confessionnelle, par le fait seul de leur séjour à l'usine, les travailleurs formeront d'office une corporation(1). On ne pourrait assez insister sur l'évolution profonde que semblable disposition dénote dans les esprits en France, cent vingt ans après le vote de la loi Chapelié ! Je regrette de ne pouvoir m'y arrêter ici. — Voilà donc les ouvriers d'une usine groupés suivant le mot heureux de M. Henri Lambert, en véritable « Société de Travail » (2), possédant un capital indéfiniment extensible soit par participation soit par souscription, réunis périodiquement en assemblée générale, dirigés par un conseil d'administration formé tout naturellement des délégués ouvriers au Conseil de l'entreprise, ne sont-ce point là toutes les conditions requises pour réaliser la formule de M. Briand et « préserver les ouvriers des accès de fièvre par la gestion de grands intérêts? »

Certaines dispositions du projet français appellent cependant des réserves. De même que M. de Ponthière dans la proposition déposée par lui à la Chambre belge le 20 août dernier, M. Chéron exige, comme il est naturel, pour faire bénéficier les sociétés des avantages prévus, que la participation ouvrière soit sérieuse et atteigne le quart du capital (3). Il en résulte qu'il serait impossible de constituer

(1) Peut-être n'est-il point sans intérêt, de rappeler ici la proposition de loi déposée par M. Jules Guesde en 1894 :

Art. 1. — Les travailleurs des deux sexes sont considérés comme constituant du fait seul de leur emploi, des sociétés ouvrières par atelier, usine ou concession minière.

Art. 2. — Ces sociétés ouvrières sont assimilées pour la gestion des intérêts de leurs membres, aux sociétés capitalistes par action.

(2) *L'action économique*, n° 12 octobre 1913.

(3) « Le nombre (des actions de travail) ne peut être inférieur au quart de celui des actions de capital » (art 73 § 2). La proposition de M. de Ponthière porte : « La valeur nominale (des actions de travail) est pour le moins égale au sixième de l'avoir net de la société » (art. 2 § 4).

progressivement les actions de travail par amortissement successif d'une partie des actions de capital au moyen des bénéfices réalisés, voie que la plupart des sociétés préféreraient certainement suivre. Il suffirait pour remédier à cet inconvénient d'amender le texte en décidant qu'une part déterminée des bénéfices nets devra être affectée à la formation des actions de travail jusqu'à ce qu'elles atteignent une proportion fixée.

N'est-il point imprudent d'autre part, de porter atteinte au principe de la souveraineté de l'assemblée générale — où le travail se trouvera d'ailleurs représenté en proportion de ses intérêts — en statuant que toute modification dans les droits attachés aux actions de travail, doit être ratifiée par une assemblée spéciale des ouvriers (1)? Il y a là un danger au point de vue industriel, mais par contre, au point de vue ouvrier, est-il admissible, en cas de dissolution, toutes les actions de capital une fois intégralement remboursées, de n'admettre au partage de l'actif que « les salariés comptant au moins dix ans de service » comme dans le projet Chéron, (art. 78 § 2) ou de n'attribuer au travail que le septième du boni, comme dans le projet de Ponthière (art. 6 § 1)?

Tous ceux qui sont admis à la copropriété collective du capital doivent en vertu des règles du droit commun, avoir un droit éventuel en cas de partage et l'on ne conçoit point ces distinctions.

M. de Ponthière, à l'encontre de M. Chéron, autorise aussi bien les actions individuelles que les actions collectives de travail, sans préciser les conséquences de chacune de ces deux solutions (2). Il amende le projet

(1) La précaution paraît d'ailleurs superflue, la loi fixant le minimum des droits qui devront être concédés aux travailleurs.

(2) Ne faudrait-il point indiquer notamment le régime de la personne morale à

français en admettant la cession des actions de travail à la Société et leur saisissabilité pour les engagements contractés envers elle (art. 2 § 3), préparant ainsi le cautionnement nécessaire aux contrats collectifs. Il est moins heureux de décider que les actions de travail dont la valeur nominale, suivant le projet, « est pour le moins égale au sixième de l'avoir net de la Société » (art. 2 § 4), seront uniquement représentées dans la direction de l'affaire, par un expert ayant voix délibérative au collège des commissaires (art. 4); ce serait là s'exposer à créer la situation fausse que nous avons constatée dans le Familistère de Guise, et aller à l'encontre de toutes les leçons des expériences anglaises, en perdant d'avance l'un des principaux fruits de l'actionnariat ouvrier. Il s'agit de donner aux travailleurs, en même temps que la rémunération légitime de leurs efforts, le sens des resposabilités en les faisant participer à la gestion de l'entreprise (1).

Je me bornerai ici à ces quelques considérations d'ordre général. Il est temps de nous arrêter.

* * *

Quelle est la conclusion pratique que nous tirerons de notre longue promenade à travers le champ d'expériences des actions de travail?

Une première constatation s'impose. Je me demandais en terminant la première partie — toute doctrinale — de cet exposé : L'action de travail est désirable en théorie, oui; mais est-elle réalisable en fait? Nous pouvons répondre har-

former en cas d'actions collectives? M. de Ponthière exclut du bénéfice des actions de travail, les employés dont le salaire excède 2,400 francs. Ne serait-il point désirable au contraire, de grouper dans une même association tout le personnel attaché à l'œuvre commune? Mieux vaudrait laisser [illegible] liberté complète aux statuts.

(1) Différents autres systèmes d'actions de travail ont été élaborés en France; je ne puis songer à les résumer ici; système Sylvain-Périssé, projet Rome, projet Mildé, projet Godard.

diment maintenant : L'action de travail est possible; elle *est*. Mais quels en seront les caractères économiques?

Procédant par voie d'éliminations, cherchant plutôt les inconvénients de chaque système que leurs avantages, nous avons vu à Guise, que les actions ne doivent point appartenir toutes à un groupement d'ouvriers jugés inaptes à diriger une entreprise.

Les actions de travail ne doivent point être temporaires comme à Port Sunlight, sous peine de ne point donner le sentiment d'une propriété réelle; elles ne doivent pas être non plus acquises sur le salaire des travailleurs ni librement cessibles comme dans le Trust de l'acier, pour ne pas exposer les économies ouvrières.

La tentative de lord Furness nous a appris que les actions ouvrières ne peuvent être exclusives du droit syndical et les admirables résultats obtenus dans les compagnies du gaz anglaises, qu'il n'y avait pas à craindre cette liberté.

Enfin, les actions de travail qui paraissent sur le continent, devoir être plutôt collectives qu'individuelles, ne seront en tous cas, jamais obligatoires. La confiance de M. Millerand dans les résultats de l'actionnariat ouvrier l'avait amené à vouloir en imposer l'application dans les nouvelles concessions minières. M. Briand répudie, au contraire, toute contrainte et n'attend de la loi que « la faculté de former entre le capital et le travail, des sociétés qui assureront à celui-ci une part légitime des bénéfices réalisés en commun » (1). Le Congrès de la participation réuni à Bordeaux au mois de novembre 1912, s'est rallié aux mêmes idées (2) qui ont trouvé leur expression dans les propositions de loi que nous avons analysées. Il s'agit tout simplement d'ajouter un titre

(1) Déclaration ministérielle du 12 mai 1910.

(2) *Bulletin de la participation aux bénéfices*, 1912, p. 133.

à la loi sur les sociétés, instituant un contrat nouveau sans l'imposer à personne.

Il faut savoir faire crédit au temps. Je suis persuadé qu'à l'heure actuelle, bien des objections peuvent être formulées contre les actions de travail.

Je n'ai pas voulu m'y arrêter me contentant de la réponse des faits constatés dans des pays voisins et convaincu que malgré les difficultés pratiques, une réforme qui est la résultante naturelle de l'évolution sociale doit finir par se réaliser.

Plus l'instruction des classes populaires progressera et percevant de mieux en mieux la solidarité qui unit le travail au capital, elles rejetteront la notion du salaire-forfait comme primitive et arbitraire pour rechercher plutôt une formule d'association intime liant le sort de l'un à la fortune de l'autre (1). Quelle sera la forme précise de cette association ? Quel sera cet agent permanent de concordance entre revenus patronaux et ouvriers ? Je l'ignore mais j'ai la conviction que l'action de travail en marque la voie et c'est pourquoi je regarde cette modeste institution comme un jalon posé vers la pacification sociale. La pacification sociale ! La perspective à cette heure, peut paraître bien lointaine encore, incertaine et vague, mais m'appuyant sur les résultats acquis, on me permettra en finissant, d'en saluer l'espérance.

R. DE BRIEY.

(1) Pour se rendre compte des progrès réalisés dans l'instruction des classes ouvrières et de leur connaissance des choses industrielles, il suffit de lire cette déposition d'un ouvrier devant la Commission anglaise du Travail en 1891 : « Nous suivons la marche générale des affaires ; nous connaissons jour par jour, le prix du produit, nous connaissons exactement la marge que laisse ce prix ; nous connaissons jusqu'à un centième de penny, le prix de détail ; nous connaissons le tantième d'amortissement que réclame le capital fixe et nous savons qu'après avoir déduit de tout cela, nos salaires, ce qui reste à l'employeur n'est pas grand chose ». *Evidence before the Labour Commission Groupe E*, vol. I, p. 21. — Voir WAXWEILER. Art. cité.

Note concernant le Projet de Loi français sur les Sociétés à participation ouvrière (1).

Le caractère essentiel du projet de loi français sur les sociétés à participation ouvrière (autorisant la création d'actions de travail à côté des actions de capital) est l'attribution de la propriété de ces titres, non pas aux ouvriers envisagés individuellement, mais à l'ensemble des salariés d'une société, considérés collectivement. Seule sera individuelle la répartition des dividendes périodiques décidée par l'assemblée générale où figureront les mandataires des ouvriers, à moins que les statuts ne prévoient que ces dividendes feront l'objet d'un emploi spécial, social en particulier: affectation à une caisse de secours, de retraites, etc.

M. Charles Carpenter, président de la Compagnie de Gaz de Londres, résume en ces termes ses objections contre le projet français : « Je ne pense pas que la constitution des ouvriers en personne morale qui possèderait collective-

(1) Nous avions communiqué les objections formulées en Angleterre contre la conception française des actions collectives du travail, à M. Aristide Briand. Il a bien voulu y répondre dans la note que l'on va lire, qui résume ses opinions personnelles sur la question ; nous tenons à lui en exprimer ici notre très vive gratitude.

ment une partie de capital donnerait des résultats favorables parce que c'est précisément la propriété personnelle pleine et entière des actions qui constitue pour l'ouvrier le stimulant nécessaire. En cas de possession collective, il n'aurait pas autant intérêt à la bonne marche de l'affaire. »

L'argument ne nous paraît pas sans réplique et nous trouvons la réponse à la fois dans les faits et dans la nature spéciale de la société à participation ouvrière telle que l'institue le proposition de loi.

Dans les faits d'abord: A côté des compagnies gazières anglaises qui constituent l'exemple le plus probant et le plus heureux du succès de la *copartnership*, l'Angleterre offre l'exemple d'autres modalités où la possession des actions ouvrières est peut-on dire, collective et se rapproche singulièrement du système proposé au législateur français. C'est ainsi que la célèbre fabrique de savon Lever Frères, de Port-Sunlight, a établi depuis 1908 (avec effet rétroactif jusqu'en 1901) un système de participation ouvrière qui repose d'une façon apparente seulement, sur le principe de la propriété temporaire des actions. En réalité, conformément aux principes de la législation anglaise, ces titres sont « trustés » et les ouvriers n'ont entre leurs mains que de simples certificats établissant leurs droits et leur conférant notamment celui de se voir répartir les dividendes qui leur reviennent. Mais ce sont les « *trustees* », sorte de mandataires de la collectivité ouvrière, qui exercent les droits de propriété, ce qui enlève aux ouvriers la libre disposition de leurs actions. Il ne leur reste plus que la participation aux bénéfices et à la direction de l'entreprise par l'intermédiaire de leurs représentants. De sorte qu'on peut affirmer qu'en fait, le système adopté par la maison Lever Brothers a plus d'un point de rapprochement avec le projet français. En tout cas, le succès grandissant de cette entreprise suffit à démontrer que l'intérêt même collectif, de l'ouvrier l'attache suffisamment à la bonne marche d'une affaire.

Mais il faut aller plus loin et constater que si le projet du Gouvernement ne fait pas assez état au dire de certains, de l'intérêt individuel de l'ouvrier qu'ils considèrent comme le seul moteur de l'activité économique et de la participation zélée à l'œuvre productrice, en revanche, il confère à l'ouvrier, une série d'avantages qu'aucun des systèmes employés dans la pratique ne lui accorde. Il paraît à cet égard, mieux tenir compte tout à la fois de la psychologie ouvrière et des conditions particulières de la production industrielle contemporaine.

En premier lieu, il importe de remarquer que les ouvriers d'une usine ne lui sont pas attachés d'une façon définitive et absolue. Aussi, tout en cherchant à encourager cet attachement du salarié à l'établissement, — par exemple en n'attribuant la co-propriété collective qu'aux salariés appartenant au personnel de la société depuis un certain temps, — le législateur ne saurait prétendre le river à l'usine. Il faut donc prévoir que les ouvriers pourront résilier leur contrat de travail, ou encore que l'on pourra se trouver dans la nécessité de les congédier ou de les remplacer par d'autres. Dans ces conditions, si l'on attribuait la propriété des actions de travail aux seuls ouvriers remplissant à un moment donné, les conditions de stage exigées, le but essentiel que poursuit la réforme ne serait pas atteint. Ce but en effet, consiste à rendre propriétaire, et par conséquent dans une certaine mesure, responsable de la marche de l'entreprise, non pas tel ou tel individu mais tout le personnel salarié employé à un moment quelconque. Sans doute comme on l'a proposé, pourrait-on décider que la propriété des titres ne serait que temporaire. — Juridiquement, c'est même là le système adopté dans les établissements Lever Frères en Angleterre, quoiqu'en fait, nous l'avons vu plus haut, il aboutisse par la pratique du trust, à la propriété collective. Mais en réalité, cette propriété temporaire qui impliquerait nécessairement l'inaliénabilité des actions, priverait le titre d'une des qualités essentielles du droit de propriété : la libre disposition. Elle ne lui laisserait que des avantages communs avec l'action collective de travail : la participation aux dividendes et à la direction. C'est pourquoi, on a jugé qu'au point de vue économique, la solution la plus satisfaisante était de stipuler que pendant toute la durée de la société, chaque ouvrier pris individuellement, n'aurait aucun droit sur les actions de travail, lesquelles resteraient la propriété de la collectivité des salariés de la société.

D'autre part, un des principaux griefs dirigés jusqu'à présent contre la participation aux bénéfices proprement dite, c'est précisément le défaut de participation des ouvriers et employés à la direction et au contrôle des entreprises. Certes, le supplément de salaires que constitue cette participation n'est pas toujours négligeable. En moyenne, en Angleterre, dans les 133 maisons qui la pratiquent, il ressort à environ 6 p. c. du salaire et à un montant annuel de 134 francs. Mais c'est plutôt une faveur accordée par le patron et révocable *ad nutum* qu'un véritable droit de l'ouvrier. Et surtout, celui-ci n'a pas conscience que son intérêt est intimement lié à celui de l'usine, de l'atelier ou du commerce, car il n'a pas le droit de collaborer à la direction de ses destinées. Il ne possède même pas le droit de contrôler l'exactitude des bénéfices accusés et sur lesquels est calculée sa part, qui n'est plus ainsi suivant le mot de M. Leroy-Beaulieu, qu'un simple « condiment ». On comprend alors pourquoi c'est souvent sur la demande même des ouvriers, que certaines maisons ont renoncé à la participation aux bénéfices après une certaine période d'expérience.

La *copartnership* que M. Carpenter a en vue lorsqu'il vante les mérites de l'appropriation individuelle des titres, échappe en partie à cette critique, surtout telle qu'elle est pratiquée dans les compagnies gazières anglaises; on y voit parfois, en effet, les représentants des ouvriers participants siéger dans les conseils d'administration et dans la direction en nombre supérieur à celui auquel leur donnerait droit la quantité de titres qu'ils détiennent. Mais il ne faut pas oublier que l'origine de cet actionnariat ouvrier est toute différente de celle que propose le texte français. Dans la *copartnership*, les ouvriers deviennent actionnaires à titre onéreux, puisque aussi bien, ils achètent véritablement et progressivement leurs actions à l'aide de retenues sur leurs salaires ou de prélèvements sur leur part de bénéfices. Il est compréhensible dans ces conditions, qu'ils se résigneraient difficilement à accepter que ces titres, fruit de leur travail et pris en partie sur leur rémunération, fussent attribués collectivement à leurs camarades actuels ou futurs. Et même ainsi présenté, l'argument n'est cependant pas décisif, car l'Angleterre offre aujourd'hui certains exemples de collectivités ouvrières organisées en véritables sociétés à côté de la société capitaliste, et prenant part aux assemblées et aux répartitions de dividendes à titre d'actionnaire unique, quitte à procéder ensuite à une nouvelle répartition entre les ouvriers qui la composent. On peut citer la maison d'édition Cassel et Cie de Londres; la maison Foster, Sons et Co, limited à Padyham qui a constitué une société de ses employés, appelée Foster Employees limited touchant 10 p. c. des bénéfices nets; la maison Gilbert Brothers à Nautwich, qui a réuni ses employés en une société appelée Gilbert Brothers Employees, limited, laquelle a passé avec la maison Gilbert, un acte de participation en vertu duquel MM. Gilbert frères sont des associés ordinaires et la société, un associé à responsabilité limitée; enfin, la Glasgow United Baking Society dont tous les actionnaires sont des sociétés et l'une d'elles, une société de placement des ouvriers.

Telle est donc en pratique, la forme que pourrait revêtir la personne morale représentant la collectivité ouvrière. Mais — et c'est là l'innovation du projet gouvernemental français, — les ouvriers ne sont pas appelés à devenir lentement et progressivement actionnaires au fur et à mesure qu'augmenteront leurs économies; ils seront *hic et nunc* actionnaires de la société et à titre gratuit, en raison de la collaboration qu'ils apportent au fonctionnement de l'entreprise, exactement comme on récompense par des actions, la collaboration technique de certains ingénieurs ou des fondateurs. Dès leur constitution, les sociétés qui auront adopté la nouvelle forme proposée et non pas imposée (car on ne saurait trop répéter que la loi est exempte de toute contrainte), devront obligatoirement créer à côté des actions de capital représentatives d'apports en nature, en argent, en capacité, en démarches, etc., des actions de travail. La proportion en sera fixée par les statuts, mais au moins égale au quart des actions de capital. Elles conféreront au porteur exactement les mêmes avantages que la propriété d'actions de capital. La collectivité ouvrière se fera représenter aux assemblées proportionnellement au nombre des actions possédées. Elle participera ainsi à la désignation des membres du conseil d'administration, au sein duquel ses mandataires devront occuper le quart des sièges et au moins un si ce conseil ne comporte que trois membres.

Deux tempéraments seulement sont apportés à cette assimilation des actions de travail aux actions de capital : 1° pendant le fonctionnement de la société; 2° au moment de sa dissolution. D'une part, « les assemblées qui auront à délibérer sur les modifications aux statuts ou sur les propositions de continuation de la société au delà du terme fixé pour sa durée, ou de dissolution avant ce terme, ne seront régulièrement constituées et ne délibéreront valablement qu'autant qu'elles seront composées d'un nombre d'actionnaires autres que les porteurs d'actions de travail représentant au moins les trois-quarts du capital social ». Il est vrai que corrélativement, « dans le cas où une décision de l'assemblée générale comporterait une modification dans les droits attachés aux actions de travail, cette décision ne serait définitive qu'après avoir été ratifiée par une assemblée spéciale des ouvriers ».

D'autre part, en cas de dissolution, l'actif social ne sera réparti entre les actionnaires (sans distinction) qu'après l'amortissement intégral des actions de capital.

Ce sont là des mesures de sauvegarde destinées à garantir les droits légitimes des actionnaires capitalistes.

Il n'en demeure pas moins que dans sa teneur actuelle, le projet français nous paraît répondre pleinement au but qu'il se propose qui est de contribuer à assurer la paix dans les relations trop souvent antagonistes du capital et du travail. Il entend y parvenir en associant les ouvriers à la gestion des entreprises, en leur donnant le sens des responsabilités qui s'attache à cette gestion, tout en leur accordant la rémunération légitime de leurs efforts. Cette réforme ouvrira un champ nouveau à l'activité ouvrière, à laquelle ne suffit plus l'agitation souvent plus bruyante que féconde, des revendications corporatives. Par cette association intime du capital et du travail, elle offrira à l'ouvrier l'occasion de s'élever dans la hiérarchie sociale. Elle substituera aux défiances injustifiées, aux conflits toujours fâcheux sinon funestes, la confiance et la solidarité qui procèdent d'une œuvre accomplie en commun. Enfin, et surtout à notre sens, le droit de contrôle dans la direction et dans la gestion des affaires, joint au supplément de rémunération constitué par la répartition de dividendes aux actionnaires ouvriers, formera un stimulant suffisant. Il fera la part égale à l'intérêt individuel sagement compris et à l'intérêt social. Ce dernier ne sera d'ailleurs pas élargi au point de ne plus constituer un mobile assez actif puisqu'il aura pour limite, l'entreprise elle-même dont les ouvriers deviendront des collaborateurs intéressés, conscients et responsables. Ainsi comprise et réalisée, la réforme sera une étape de plus vers cet idéal qui fut celui de Stuart Mill et qui doit être celui de toutes nos démocraties modernes. La démocratie politique, œuvre désormais accomplie grâce à l'octroi du suffrage universel, n'atteindra son plein essor que le jour où dans son propre sein, sera réalisée la tâche en voie d'élaboration : la démocratie économique et sociale.

BRIAND.

Projet de statuts de société anonyme à participation ouvrière (1).

I. — Sur le bénéfice net, après le prélèvement légalement obligatoire pour la réserve légale, il est attribué tout d'abord aux actions de capital un premier dividende de. . p. c. de leur montant libéré. Sur le surplus, 50 p. c. sont attribués au travail.

II. Les sommes ainsi attribuées au travail sont réparties, au prorata des salaires, entre les ouvriers ayant au moins deux ans de séjour à l'usine et souscrivant un contrat de travail de douze mois au minimum.

III. Ces sommes sont versées, au crédit des ouvriers titulaires dans une caisse spéciale, et y produisent à leur profit, un intérêt de 4 p. c. l'an, jusqu'à ce qu'elles atteignent respectivement pour chacun le montant de 50 francs.

IV. Au moyen des sommes ainsi déposées, la Société amortit annuellement au pair, par voie de tirage au sort, un certain nombre d'actions de capital.

Chaque action de capital de 500 francs remboursée est remplacée par 10 actions de jouissance, d'une valeur nominale de 50 francs, qui sont attribuées nominativement aux travailleurs répondant aux conditions mentionnées plus haut. Cet amortissement cesse dès que le total des actions remboursées a atteint le quart du capital social.

(1) Les statuts que l'on va lire ont uniquement pour objet de montrer que même sous la législation actuelle, il est possible de constituer des actions *individuelles* de travail ; les modalités d'application peuvent aisément en être modifiées.

Pour le droit aux dividendes comme pour le droit de vote à l'assemblée générale, chaque action de jouissance équivaut à un dixième de l'action de capital.

V. La cession des actions de travail est libre entre actionnaires ; elle ne peut être faite à des tiers qu'avec l'autorisation de la direction.

VI. En cas de décès ou de départ de l'usine de l'ouvrier actionnaire, la Société se réserve la faculté de racheter les actions de jouissance dont il est titulaire. Leur valeur est pour ce rachat, fixée au dixième de la valeur des actions de capital, celle-ci étant elle-même déterminée par les cours de la Bourse ou le dernier bilan.

VII. Les ouvriers actionnaires élisent parmi eux des mandataires communs chargés de les représenter aux assemblées générales. Pour cette élection, chaque ouvrier actionnaire dispose d'autant de voix qu'il possède de titres.

VIII. Les actionnaires de travail disposent d'un nombre de places d'administrateurs et de commissaires proportionné au chiffre des actions attribuées au travail eu égard au chiffre total des actions émises ou souscrites.

IX. En cas de dissolution, l'actif social restant net, après paiement des dettes et apurement des charges, est tout d'abord affecté au remboursement au pair de leur libération, des actions de capital non encore amorties.

Le solde est réparti entre tous les titres sociaux, dix actions de jouissance équivalant à une action de capital.

Projet de statuts de société coopérative de capital et de travail (1).

Entre les soussignés :

M. A.
M. B.
M. C.
M. D.
M. E.
M. F.
M. G.
etc., etc.

Il a été convenu de former une société coopérative de capital et de travail dont ils arrêtent les statuts comme suit :

TITRE I.

DÉNOMINATION SOCIALE. — SIÈGE. — OBJET. — DURÉE.

ART. 1er. — *Il est formé une société coopérative de capital et de travail*, sous la domination de . . . .

ART. 2. — La société a pour objet . . . .
. . . .

La société pourra se livrer à toute opération se rattachant à l'objet ci-dessus par relation de similitude, de connexité, d'accessoire ou d'utilité.

Elle pourra poursuivre cet objet soit directement et par elle-même, soit indirectement en s'intéressant par tout genre de participation commerciale, industrielle ou financière, dans toutes sociétés ou entreprises ayant objet identique ou similaire.

ART. 3. — Le siège social est fixé à . . . .

(1) Le texte italique met en relief les clauses statutaires caractéristiques du système de coopération du capital et du travail.

ART. 4. — La société est constituée pour une durée de dix ans, à dater de ce jour.

Elle pourra être prorogée ou dissoute anticipativement par décision de l'assemblée générale des associés délibérant et statuant dans les conditions et formes prévues à l'article 39 ci-après.

Ell pourra prendre des engagements pour un terme dépassant sa durée.

TITRE II.

CAPITAL SOCIAL. — APPORTS. — PARTS SOCIALES. RESPONSABILITÉ DES ASSOCIÉS.

ART. 5. — *Le capital social est variable et illimité.*

Son minimum nominal est fixé à ...x... francs.

Il est divisé en parts sociales de deux catégories : des parts de capital et des parts de travail.

Les parts de capital, de 500 francs chacune, sont créées en représentation et rémunération d'apports matériels, soit en nature, soit en espèces, soit en propriété, soit en jouissance (1).

Les parts de travail, sans désignation de valeur nominale, sont créées en représentation et rémunération d'apports de travail, soit de travail manuel d'ouvriers, soit de travail intellectuel d'employés.

ART. 6. — *M. A... fait apport à la société de la jouissance d'une usine lui appartenant et qui restera son exclusive propriété, sise à. . . . . , cadastrée. . . . . , ainsi que la jouissance de tout l'outillage et matériel, fixe ou mobile, installé dans la dite usine et dont il restera également exclusif propriétaire, la société ne recevant, quant à ces divers biens, que le droit d'en user et d'en jouir pour la réalisation du but social, conformément aux statuts de la société et pour la durée de celle-ci.*

En échange et rémunération de cet apport de jouissance, il est

(1) Fixer ce chiffre du capital nominal minimum et ce nombre de parts de capital à un niveau suffisant pour assurer au total de celles-ci la majorité eu égard au total des parts de travail.

attribué à M. A... x... parts sociales de capital, entièrement libérées.

ART. 7. — *Les ...z... parts sociales de capital restantes destinées à parfaire le montant du capital nominal minimum sont souscrites, en numéraire, de la façon suivante :*

M. B... souscrit ...b... parts.
M. C... — ...c... —
M. D... — ...d... —
M. E... — ...e... —
M. F... — ...f... —
M. G... — ...g... —
etc., etc.

Soit, en tout, ...z... parts, sur chacune desquelles a été immédiatement effectué en espèces, par chacun des souscripteurs ci-dessus désignés respectivement, un versement initial de ...x... p. c. de son montant nominal ...x... francs, soit en tout une somme de ..y... francs, laquelle se trouve dès maintenant à la disposition de la société.

ART. 8. — *Le surplus éventuel du capital nominal, au-dessus du minimum ci-dessus fixé, sera ultérieurement formé par la création de nouvelles parts de capital de 500 francs, à souscrire contre apports de numéraire ou contre apports en nature matérielle, soit par les associés actuels, soit par de nouveaux associés, le tout effectué dans les conditions et formes ci-dessous déterminées à l'article 14.*

ART. 9. — *MM. J. K. L. M. N. O. P... etc., font, chacun, apport à la société de leur engagement respectif de prester à celle-ci, dans son usine à fins de réalisation de son objet social, leur travail mannel d'ouvriers, à lui fournir aux taux de salaire et conditions qui seront fixés par le règlement d'atelier de la société.*

MM. Q. R. S. T. U. V. W..., etc. font, chacun, apport à la société de leur engagement respectif de prester à celle-ci, dans ses bureaux à fin de réalisation de son objet social, leur travail intellectuel d'employés, à lui fournir aux chiffre d'appointement et conditions qui seront fixés par le règlement des bureaux de la société.

Cet engagement, pour chacun des uns et des autres, n'est apporté que pour le temps que durera sa qualité d'associé.

En échange et rémunération de cet apport, il est attribué à chacun des apporteurs de travail manuel susindiqués, une part sociale de travail, et à chacun des apporteurs de travail intellectuel, une de ces parts par chaque millier de francs — fractions non comptées — de son traitement annuel.

De nouvelles parts de travail pourront être ultérieurement créées, en suite d'admission de nouveaux ouvriers et de nouveaux employés, conformément à l'article 14 ci-après.

ART. 10. — *L'engagement de tous les associés est limité à leurs mises ou apports respectifs, les titulaires de parts de capital eux-mêmes n'étant tenus des obligations de la société que divisément et chacun à concurrence du montant de celles de ces parts qu'il possède.*

ART. 11. — *Toutes les parts sociales, de l'une comme de l'autre catégorie, sont incessibles, même entre associés. Les unes et les autres sont représentées pour chaque associé, respectivement par un titre nominatif, sous forme d'un livret. Ce livret porte pour tous, la dénomination de la société, les nom, prénoms qualité et demeure du titulaire, le nombre et la nature de ses parts sociales, les dates de son admission et de sa souscription, ainsi que celle de sa démission, le tout signé par le titulaire et par le directeur-gérant. Pour les parts de capital, il mentionne en outre, par ordre de date, les versements et les retraits des sommes par le titulaire, mentions signées, selon le cas, par le directeur-gérant ou par le titulaire et valant quittance. Ce livret contient, en leur texte entier, les statuts de la sociétéé.*

ART. 12. — Les héritiers, ayants cause ou créanciers d'aucun associé ne peuvent, sous quelque prétexte que ce soit, provoquer l'apposition des scellés sur les biens et valeurs de la société, ni sa liquidation. Ils ne peuvent qu'exercer, relativement à la part sociale de l'associé en cause, les droits que leur accordent respectivement les articles 127 et 130 des lois coordonnées sur les sociétés commerciales.

ART. 13. — *La société ne reconnaît, quant à l'exercice des droits à exercer contre elle, qu'un seul propriétaire pour chaque part sociale de l'une comme de l'autre catégorie. En cas de copropriété d'une part de capital, elle a le droit de suspendre l'exercice des droits y afférents, jusqu'à ce qu'une seule personne soit désignée comme étant, à son égard, propriétaire de la part indivise.*

TITRE III.

ADMISSIONS ET SOUSCRIPTIONS NOUVELLES. — DÉMISSIONS, EXCLUSIONS ET RETRAITS DE VERSEMENTS.

ART. 14. — *Les admissions de nouveaux associés de l'une ou de l'autre catégorie, ainsi que les souscriptions de parts de capital nouvelles par d'anciens associés, sont décidées par le conseil d'administration, qui sous ce rapport jouit d'un pouvoir absolu et souverain, n'étant tenu de fournir aucun motif de son agréation ou de son refus.*

L'admission ainsi que les souscriptions nouvelles, sont respectivement constatées par l'apposition de la signature du nouvel associé ou de l'associé souscripteur de nouvelles parts de capital, précédée de la date, en regard de son nom, sur le registre de la société. Toute admission ou nouvelle souscription comporte de plein droit adhésion à toutes les clauses des présents statuts.

ART. 15. — *Tout associé titulaire de part de capital a la faculté de donner sa démission dans les six premiers mois de l'année sociale, moyennant présentation par lui à la société et agréation par celle-ci, d'un ou de plusieurs successeurs pour le même nombre de parts* (1).

Tout associé titulaire de part de travail a la même faculté, sous la seule condition, pour les ouvriers manuels, du préavis fixé dans le règlement d'atelier, et pour les employés, d'un préavis de six ou trois mois suivant que leurs appointements annuels atteignent ou n'atteignent pas le chiffre de 3,000 francs.

La démission est constatée par la mention du fait tant sur le

(1) Clause destinée à remédier aux dangers que pourrait présenter pour l'affaire sociale, la variabilité du capital inhérente à la société coopérative.

livret de l'associé que sur le registre de la société, en marge du nom du démissionnaire. Ces mentions sont datées et signées, sur le livret et sur le registre, à la fois par l'associé et par le directeur-gérant.

ART. 16. — Les exclusions sont prononcées à toute époque de l'exercice social, par le conseil d'administration. Le conseil jouit, à cet égard, d'un pouvoir absolu et souverain, sans avoir à fournir aucun motif de sa décision.

Les exclusions sont exécutoires et produisent leur effet sur l'heure, sans délais ni préavis, sauf pour les associés titulaires de parts de travail, pour lesquels doit être fourni, selon qu'ils sont ouvriers manuels ou employés, le préavis respectivement fixé pour leur démission par l'article 15 ci-avant.

L'exclusion est constatée par un procès-verbal, dressé par le directeur-gérant et signé à la fois par lui et par les membres du conseil d'administration qui l'ont votée. Ce procès-verbal relate les faits établissant que l'exclusion a été prononcée conformément aux statuts; il est transcrit sur le registre des membres de la société et copie conforme en est adressée à l'associé exclu, dans les deux jours, par lettre recommandée.

ART. 17. — *L'associé démissionnaire ou exclu ne peut provoquer la liquidation de la société ni réclamer aucune indemnité. Il n'a droit, pour les parts de capital, qu'à recevoir la valeur de celles-ci telle qu'elle résultera du premier bilan qui suivra la démission ou l'exclusion, valeur calculée sans aucune participation dans les fonds de réserve, légale ou autre, et pour la part de travail, qu'à recevoir, au prorata de la partie d'exercice social durant laquelle il aura fourni son travail, la participation bénéficiaire attribuée aux parts de cette catégorie par ledit bilan.*

ART. 18. — *Tout associé titulaire de parts de capital démissionnaire ou exclu reste personnellement tenu, dans les limites du montant de ces parts et pendant cinq ans à partir de sa démission ou de son exclusion, sauf le cas de prescription plus courte établie par la loi, de tous les engagements contractés par la société avant la fin de l'année au cours de laquelle sa retraite a été publiée.*

ART. 19. — *Le conseil d'administration autorise les retraits de versements sur parts de capital.* A cet égard également, il jouit d'un pouvoir absolu et souverain.

TITRE IV.

ADMINISTRATION, DIRECTION, SURVEILLANCE.

ART. 20. — La société est administrée par un conseil de cinq à sept administrateurs, associés ou non, nommés, pour six ans au plus, par l'assemblée générale des associés, et en tout temps révocables par elle (1).

Ils sont renouvelés en vertu d'un roulement, déterminé dans ses règles par l'assemblée générale et fonctionnant dans son application par voie de tirage au sort. Ils sont rééligibles.

ART. 21. — En cas de vacance d'une place d'administrateur par suite de décès, démission ou autre cause, les membres restants du conseil d'administration et le collège des commissaires, réunis en conseil général, pourront pourvoir provisoirement au remplacement jusqu'à la prochaine assemblée générale, qui procèdera au remplacement définitif.

Tout administrateur désigné dans les conditions ci-dessus n'est nommé que pour le temps nécessaire à l'achèvement du mandat de l'administrateur qu'il remplace.

ART. 22. — Le conseil d'administration élit parmi ses membres un président.

ART. 23. — Le conseil d'administration se réunit, sur convocation soit de son président soit du directeur-gérant, chaque fois que l'intérêt de la société le requiert.

Les réunions se tiennent au lieu indiqué dans les convocations.

Le conseil est présidé par le président ou, à son défaut, par le plus âgé des administrateurs présents.

ART. 24. — Le conseil d'administration ne peut délibérer et

(1) Si l'on veut aller plus avant dans la voie de la participation des ouvriers et des employés, l'on peut ajouter un alinéa stipulant qu'un administrateur devra être choisi parmi les ouvriers et un parmi les employés.

statuer valablement que si la moitié au moins de ses membres est présente.

Les résolutions du conseil sont prises à la majorité des votants, sauf pour les admissions de nouveaux membres, décisions pour lesquelles la majorité doit être des deux tiers. En cas de partage, la voix de celui qui préside la réunion est prépondérante.

ART. 25. — Les délibérations du conseil d'administration sont constatées dans des procès-verbaux, signés par la majorité des membres qui ont participé aux délibérations et aux votes. Ces procès-verbaux sont transcrits dans un registre spécial. Les copies ou extraits à en produire, en justice ou ailleurs, sont signés soit par le président, soit par le directeur-gérant, soit par deux administrateurs.

ART. 26. — Le conseil d'administration est investi des pouvoirs les plus étendus pour l'administration de la société.

Il a dans sa compétence, tous les actes qui ne sont pas expressément réservés par la loi ou par les présents statuts à l'assemblée générale.

Il a, notamment, le pouvoir de décider de sa seule autorité toutes les opérations qui forment, aux termes de l'article 2 ci-dessus, l'objet social ainsi que toutes les participations ou interventions aux sociétés ou entreprises ayant objet identique, similaire ou analogue.

Il peut, en outre, dans les mêmes limites, recevoir toutes sommes, dépôts ou valeurs, acquérir, échanger ou aliéner tous biens meubles ou immeubles, traiter tous marchés, consentir tous baux ou locations, contracter tous emprunts avec ou sans garantie hypothécaire, par voie d'obligations ou autrement, consentir et accepter, dans les limites de l'objet social, tous prêts ou avances, consentir et accepter toutes hypothèques, renoncer à tous droits réels, donner mainlevée, avant ou après le payement, de toutes inscriptions privilégiées ou hypothécaires, transcriptions, saisies, oppositions ou autres empêchements, traiter, plaider tant en demandant qu'en défendant, transiger et compromettre.

C'est le conseil d'administration également qui, soit directement soit indirectement, nomme et révoque tous les agents de la société, détermine leurs attributions, fixe leurs traitements et émoluments, ainsi que leurs cautionnements s'il y a lieu.

ART. 27. — Le conseil d'administration déléguera la gestion journalière de la société, ainsi que l'exécution des décisions du conseil, à un directeur-gérant, choisi soit dans le sein de celui-ci, soit en dehors de ses membres, et qui aura, dans les limites de cette délégation, la signature sociale.

Il pourra également déléguer tous pouvoirs spéciaux déterminés à tout mandataire.

Il fixera les pouvoirs et les rémunérations des uns et des autres.

ART. 28. — Les opérations de la société sont surveillées par un collège de trois commissaires, associés ou non, nommés, pour six ans au plus, par l'assemblée générale des actionnaires, et en tout temps révocables par elle.

Ils sont renouvelés en vertu d'un roulement déterminé, dans ses règles, par l'assemblée générale et fonctionnant dans son application par voie de tirage au sort.

Ils sont rééligibles.

ART. 29. — La mission et les pouvoirs des commissaires seront ceux qu'assignent aux commissaires de sociétés anonymes les articles 65 et 67 des lois coordonnées sur les sociétés commerciales.

ART. 30. — L'assemblée générale pourra, en sus de la participation aux bénéfices déterminée à l'article 43 ci-après, allouer aux administrateurs et aux commissaires des émoluments fixes, lesquels pour les uns comme pour les autres, pourront, en tout ou en partie, être répartis en jetons de présence.

ART. 31. — Les actions judiciaires, tant en demandant qu'en défendant, seront suivies, au nom de la société, par le conseil d'administration, poursuites et diligences du directeur-gérant.

Pour tous actes extra-judiciaires excédant la notion et les limites de la gestion journalière, la société sera valablement représentée à l'égard des tiers par deux administrateurs, sans que ceux-ci aient à justifier d'aucune délégation spéciale.

TITRE V.

ASSEMBLÉES GÉNÉRALES.

ART. 32. — *L'assemblée générale se compose de tous les titulaires de parts sociales soit de capital soit de travail.*

ART. 33. — L'assemblée générale ordinaire se réunit de plein droit le premier du mois de de chaque année, et pour la première fois en 1914, à heures du , à Bruxelles, à l'endroit désigné dans les avis de convocation.

L'assemblée générale peut être convoquée extraordinairement autant de fois que l'intérêt de la société l'exige. Elle doit l'être si une proportion d'associés, représentant le cinquième de la masse totale des parts sociales des deux catégories, le requièrent en formulant l'objet de la réunion.

ART. 34. — L'assemblée générale, tant ordinaire qu'extraordinaire, se réunit sur la convocation du conseil d'administration ou du collège des commissaires.

Les convocations sont faites par lettre recommandée adressée à chaque associé.

Les convocations à l'assemblée générale annuelle ordinaire mentionnent, parmi les objets à l'ordre du jour, la discussion du rapport du conseil d'administration et celui du collège des commissaires, la discussion et l'adoption du bilan et du compte des profits et pertes, la décharge des administrateurs et des commissaires, la réélection ou le remplacement des administrateurs et commissaires sortants.

Aucune assemblée générale ne peut délibérer que sur les objets mis à son ordre du jour. Celui-ci devra contenir toute proposition qui aurait été faite par écrit et signée par une proportion d'associés représentant ensemble au moins le dixième de la masse totale des parts sociales, des deux catégories, à condition qu'elle ait été communiquée au conseil d'administration trente jours au moins avant l'assemblée.

ART. 35. — Tout propriétaire de part sociale peut se faire représenter à l'assemblée générale par un fondé de pouvoirs, pourvu que celui-ci soit lui-même associé de sa catégorie.

Les mineurs, les femmes mariées et les interdits sont représentés par leurs mandataires ou organes légaux.

Les copropriétaires, les usufruitiers et nu-propriétaires, les créanciers et débiteurs gagistes de parts de capital devront respectivement se faire représenter par une seule et même personne.

ART. 36. — Toute assemblée est présidée par le président du conseil d'administration ou, à son défaut, par le plus âgé des administrateurs présents.

Les autres membres du conseil d'administration et les commissaires présents s'adjoignent à lui pour compléter le bureau.

Le président désigne le secrétaire qui peut ne pas être associé.

L'assemblée choisit parmi ses membres, deux scrutateurs.

ART. 37. — *Tout associé a droit de vote aux assemblées générales et y possède sans restriction autant de voix qu'il possède de parts sociales de l'une ou de l'autre catégorie.*

ART. 38. — Sauf les cas prévus à l'article suivant, les décisions de l'assemblée sont prises quel que soit le nombre de parts sociales réunies à l'assemblée, à la majorité absolue des voix présentes ou représentées.

Les votes se font par main-levée, par appel nominal ou autrement, sauf pour les révocations ou les nominations, actes pour lesquels ils ont lieu au scrutin secret si l'unanimité des membres présents ou représentés n'en décide autrement.

En cas de nomination, si aucun candidat ne réunit la majorité absolue, il est procédé à un scrutin de ballotage entre les deux candidats qui ont obtenu le plus de voix. En cas d'égalité de suffrages à ce scrutin de ballotage, le plus âgé des deux candidats est élu.

ART. 39. — Par dérogation à l'article précédent, lorsque l'assemblée générale aura à délibérer :

1° d'une modification aux statuts ;

2° de la prorogation de la société, de sa dissolution anticipée ou de sa fusion avec d'autres sociétés ;

elle ne pourra délibérer ni statuer valablement que dans les conditions suivantes :

A) Les convocations devront spécialement indiquer l'objet des modifications proposées.

B) L'assemblée devra réunir au moins la moitié de la masse globale des parts sociales des deux catégories.

Si cette seconde condition n'est pas remplie, une nouvelle convocation sera nécessaire, et la nouvelle assemblée délibèrera valablement quelle que soit la proportion de parts réunies.

La décision, dans l'un et l'autre cas, ne sera valablement prise qu'à la majorité des trois quarts des voix.

L'assemblée générale pourra même, dans les formes et conditions des alinéas précédents, apporter aux statuts des modifications portant atteinte à l'une ou à l'autre des deux catégories de parts sociales, moyennant accomplissement des dites conditions exceptionnelles de présence et de majorité dans chacune des deux catégories respectivement.

ART. 40. — Les procès-verbaux des assemblées générales sont signés par le président, par les autres membres du bureau, par le secrétaire et par les deux scrutateurs, ainsi que par les associés qui le demandent.

Les copies ou extraits à en produire, en justice ou ailleurs, sont signés par la majorité des administrateurs et des commissaires.

TITRE VI.

BILAN, RÉPARTITION, RÉSERVE.

ART. 41. — Le dernier du mois de de chaque année, et pour la première fois le 1914. Il est dressé par les soins du conseil d'administration, un inventaire des valeurs mobilières et immobilières et de toutes les dettes actives et passives de la société, avec une annexe contenant en résumé, tous ses engagements, ainsi que les dettes des administrateurs, commissaires et directeurs envers la société. A la même époque, les écritures sociales sont arrêtées par le conseil d'administration, et celui-ci forme le bilan et le compte des profits et pertes, conformément aux prescriptions des articles 131 et 75 des lois coordonnées sur les sociétés commerciales.

Les deux documents sont, avec le rapport des administrateurs et celui des commissaires, adressés aux associés huit jours au moins avant l'assemblée générale ordinaire.

ART. 42. — L'assemblée générale ordinaire statue sur l'adoption du bilan et du compte des profits et pertes, et par un vote spécial, sur la décharge des administrateurs et des commissaires, le tout conformément aux principes déterminés par l'article 77 de la loi pour les sociétés anonymes.

ART. 43. — L'excédent favorable du bilan, déduction faite des frais généraux, charges sociales et amortissements nécessaires, constitue le bénéfice annuel net.

Sur ce bénéfice, il est prélevé tout d'abord :

1° Cinq pour cent pour la constitution du fonds de réserve légale, ce prélèvement cessant d'être obligatoire lorsque la réserve aura atteint le dixième du capital social;

2° *La somme nécessaire pour attribuer aux parts de capital un premier dividende de 6 p. c. de leur montant de libération respective.*

Le solde sera réparti comme suit :

A) *Dix pour cent entre les administrateurs et commissaires à raison des 2/3 pour les premiers et 1/3 pour les seconds.*

B) *Les 90 pour cent restants entre les parts de capital indistinctement et les parts de travail, à raison de 60 pour cent pour la masse des premières et de 30 pour cent pour la masse des secondes.*

L'assemblée générale aura cependant le droit d'affecter au préalable à un ou plusieurs fonds de réserve spéciale, de prévisions et d'amortissements extraordinaires, une partie de ce solde ne pouvant en aucun cas en excéder la moitié.

ART. 44. — Le paiement des dividendes se fait annuellement, aux époques et aux endroits désignés par le conseil d'administration.

Tout dividende ou intérêt non réclamé dans les cinq ans de son exigibilité est prescrit et acquis à la société.

ART. 45. — Le conseil d'administration règle, au mieux des intérêts de la société, l'emploi des fonds de réserve et des fonds de prévisions.

TITRE VII.

DISSOLUTION, LIQUIDATION.

ART. 46. — En cas de dissolution, pour quelque cause et à quelque moment que ce soit, l'assemblée générale des associés désignera un ou plusieurs liquidateurs, déterminera leurs pouvoirs et fixera le mode de liquidation, conformément aux articles 154 et suivants des lois coordonnées sur les sociétés commerciales.

ART. 47. -- *Dans tous les cas de dissolution, il sera tout d'abord procédé au paiement des dettes et charges sociales.*

Le solde restant net sera tout entier réparti, par part égale, entre les parts sociales de capital.

Au cas où ces parts ne se trouveraient pas à ce moment libérées toutes dans une proportion égale, les liquidateurs, avant de procéder à la répartition prévue à l'alinéa précédent, devraient tenir compte de cette diversité de situation et rétablir l'équilibre en mettant toutes les dites parts sur un pied d'égalité absolue, soit par des appels de fonds complémentaires à charge des parts insuffisamment libérées, soit par des remboursements préalables au profit des parts libérées dans une proportion supérieure.

TITRE VIII.

ÉLECTION DE DOMICILE.

ART. 48.—Pour l'exécution des présents statuts, tout associé, administrateur ou commissaire élit par les présentes, domicile en la maison communale de , où toutes communications, sommations, assignations ou significations pourront lui être valablement faites.

TITRE IX.

DISPOSITIONS TRANSITOIRES.

ART. 49. — Une assemblée générale, qui se tiendra sans convocation ni ordre du jour préalables immédiatement après la constitution de la société, désignera le nombre primitif des administrateurs et des commissaires, nommera les uns et les autres pour la première fois, fixera éventuellement leurs émoluments respectifs et pourra statuer, dans les limites des statuts, sur tout autre objet pouvant intéresser la société.

APPENDICE.

I. — LES ACTIONS DE TRAVAIL EN AMÉRIQUE

En dehors de l'Europe, des applications importantes du principe de l'actionnariat ouvrier ont été poursuivies en Amérique. Grâce à l'obligeant concours de la Légation de Belgique à Washington, nous avons pu réunir sur ces tentatives un ensemble de documents d'autant plus précieux, qu'ils sont, pour la plupart, la description par les intéressés mêmes des mécomptes rencontrés, des difficultés vaincues ou des succès remportés. On pourra ainsi se rendre compte, dans les faits, de la valeur pratique des actions de travail.

Corporation du Trust de l'acier (New-York).

On a contesté la réalité du succès de l'actionnariat ouvrier dans le trust de l'acier. La lettre suivante de M. J.-A. Farrel, son président, jette une lumière décisive sur la question.

La fluctuation du nombre des souscriptions annuelles est intéressante à observer. En 1903, dans un premier engouement, 26,399 ouvriers achètent des titres, puis l'enthousiasme tombe, des réalisations s'opèrent et, en 1905, le nombre des souscripteurs s'abaisse à 8,494. Mais peu à peu, par la force même du système, l'éducation du travailleur se fait et tandis que les réalisations deviennent de plus en plus rares, le nombre des souscripteurs se relève à 24,562 en 1908, 26,313 en 1911, enfin à 32,248, en 1912 (1).

Le 19 décembre 1913.

BUREAU DU PRÉSIDENT.

CHER MONSIEUR,

En réponse à votre lettre demandant des renseignements au sujet du « Stock Subscription Plan » du Trust de l'Acier, nous dirons :

La « United States Steel Corporation » a inauguré en 1903, le système d'offrir à ses employés le privilège de souscrire à l'achat de ses actions à des prix légèrement inférieurs à ceux du marché, avec des facilités de paiement et sous des conditions spéciales donnant aux employés souscripteurs qui gardaient leurs actions, une compensation spéciale pendant une période de cinq ans. Sous le régime de ce système, et durant les onze années 1903 à 1913 inclusivement, les employés ont souscrit pour une somme globale de $ 30,596,400, valeur au pair du Preferred Stock, et de $ 10,099,600 valeur au pair du Common Stock. Durant la même période, la Corporation a payé effectivement à ses employés souscripteurs pour la compensation spéciale mentionnée . . . . . . $. 5,728,604.61

Elle les a crédités pour des paiements à des dates futures, par termes de souscription . . 490,232.98

Total à la charge de la corporation pour cet objet . . . . $. 6,218,837,59

A la date du 31 décembre 1912, 32,248 employés étaient actionnaires sous le régime de ce système, et ils avaient acquis

(1) V. *Report on conditions of employment in the Iron and Steel Industry in the United States*, vol. III, p. 468. Washington, Government Printing Office, 1913.

leurs actions par souscription durant les cinq dernières années. Le montant total de leurs acquisitions pour ces souscriptions de cinq années, s'élevait à 125,848 actions (shares of stock).

En plus, des employés possèdent des actions (shares of stock) acquises sous le régime de ce système, durant l'époque 1903 à 1907, inclusivement, mais il est impossible d'établir le nombre de ces employés ni le nombre d'actions qu'ils détiennent, car aucune note n'est tenue après l'expiration de chaque période de cinq ans; mais il est à présumer qu'en en tenant compte, le chiffre cité plus haut serait beaucoup plus considérable.

Les souscriptions pour ces actions sont entièrement volontaires et l'*augmentation annuelle du nombre des souscripteurs prouve que le système est de plus en plus en faveur* auprès des employés de la Corporation. Ce système encourage les habitudes d'économie parmi les employés et les met en mesure d'épargner des sommes importantes comme une réserve pour les maladies et la vieillesse. En qualité d'actionnaires de la Corporation, les employés prennent un plus vif intérêt à leur travail et ils coopèrent avec plus d'efficacité à la prospérité de l'entreprise.

Très sincèrement votre dévoué,

(*S*) J.-A. FARREL,
Président.

M. De Waele, consul de Belgique à la Nouvelle-Orléans, fait parvenir un rapport sur deux expériences du plus haut intérêt, poursuivies à Saint-Louis; l'une nous montre les avantages de la participation au capital sous forme d'actions et l'autre les inconvénients de la participation aux bénéfices en numéraire. C'est à tort que M. De Waele se sert, dans ce dernier cas, du terme « actions de travail ».

Note sur l'application du système des « actions ouvrières », par la N. O. Nelson Manufacturing Co, et la Ames Shovel and Tool Co, de Saint-Louis, Mo.

Le système des « actions ouvrières » a été appliqué à Saint-Louis, Mo, par les deux firmes : The N. O. Nelson Manufacturing Co et la Ames Shovel and Tool Co.

La mise en pratique de cette théorie a été comprise d'une façon très différente par les directeurs de ces deux établissements; aussi les résultats obtenus ont-ils été on ne peut plus opposés.

Un examen minutieux et comparatif des dispositions prises dans chacune de ces maisons fera ressortir clairement les avantages que ce système peut présenter, et les conditions dans lesquelles il devrait être organisé.

The N. O. Nelson Manufacturing Co.

Dans la N. O. Nelson Manufacturing Co, les affaires sont conduites comme dans tout autre établissement industriel. C'est une société anonyme ordinaire, dirigée par un conseil d'administration composé de sept directeurs. Dans ce conseil d'administration, un des directeurs est pris parmi les employés de l'usine, et un est choisi parmi les clients.

La maison principale et les bureaux sont à Saint-Louis, Mo; les usines sont à Leclaire, Ill., et Bessemer, Ala. La firme a des succursales à Los Angeles, Cal., San Francisco, Cal., Pueblo, Colo., et Joplin, Mo.

La maison N. O. Nelson Manufacturing Co fabrique tous articles pour plomberies et installations sanitaires.

Le nombre des directeurs, employés, voyageurs et ouvriers de cette firme se monte actuellement à environ quinze cents. Ils reçoivent tous leur salaire chaque semaine, en espèces. Les actions de capital qu'ils possèdent portent intérêt à 6 p. c. l'an, payés sur les bénéfices et liquidés par moitié tous les six mois.

A la fin de chaque année fiscale, le conseil d'administration, après avoir entendu le rapport du trésorier, vote :

1° Un dividende de 6 p. c. sur le capital (actions) de la compagnie;

2° Une certaine somme pour la dépréciation du matériel;

3° Une certaine somme pour la réserve;

4° Une certaine somme pour créances sans valeur.

Ce qui reste des bénéfices est ensuite divisé dans une certaine proportion, entre les ouvriers et employés et les clients de la maison et leur est payé en actions de la Compagnie. Cette proportion a été régulièrement fixée à 3 aux clients pour 2 aux ouvriers et employés. En 1907 par exemple, les dividendes pour les clients ont été de 45 p. c., et ceux pour les ouvriers et employés de 30 p. c.; en 1908, ces dividendes ont été respectivement de 30 et 20 p. c.

Prenons un exemple : Mr Jones, un client de la maison, a acheté pendant l'année pour 10,000 dollars de marchandises sur lesquelles la N. O. Nelson Manufacturing Co a fait 10 p. c. de bénéfices soit 1,000 dollars, et le salaire de Smith, un ouvrier de la maison, a été pour cette année de 1,500 dollars. Le conseil d'administration déclarant un dividende de 30 p. c. sur les salaires et 45 p. c. sur les bénéfices, attribuera à Jones 450 dollars d'actions, et à Smith également 450 dollars d'actions.

De ceci, il résulte que les ouvriers, employés et clients prennent un ascendant croissant dans la compagnie; ils possèdent actuellement plus de la moitié des actions et la Compagnie est véritablement sous leur contrôle, sans qu'ils aient déboursé un dollar.

De ces distributions annuelles d'actions de la Compagnie, résulte la nécessité d'augmenter fréquemment le capital social;

mais il faut bien remarquer que ces augmentations sont parfaitement justifiées, car elles représentent des bénéfices qui ont été réellement faits bien qu'ils n'aient pas été payés en espèces.

La N. O. Nelson Manufacturing Co a débuté il y a trente ans, avec un capital social de 200,000 dollars; ce capital s'élève actuellement à 1,500,000 dollars, et l'on prévoit une prochaine augmentation qui portera le capital à 2,000,000 dollars.

Le but que s'est proposé M. Nelson est de donner une participation dans la société à ceux des ouvriers et employés qui prennent un intérêt réel à l'affaire elle-même, et il a peu à peu pris les mesures opportunes pour éviter que cette participation ne devienne pour les ouvriers un moyen de spéculation.

Les dividendes sont payés en actions de la Compagnie; les sommes inférieures à 50 dollars sont inscrites au crédit de l'intéressé, portant intérêt à son profit au taux de 6 p. c. l'an.

De plus, l'expérience a amené le conseil d'administration à prendre les deux dispositions suivantes :

1° Tout ouvrier ou employé devra avoir été pendant six mois au service de la Compagnie avant qu'il ne puisse avoir droit à une part dans les bénéfices; mais cette période de six mois passée, les droits de l'ouvrier ou de l'employé deviendront rétroactifs. Smith, par exemple, part au bout de quatre mois, la Nelson Mfg C° ne lui doit rien; Brown, qui sera resté neuf mois, aura droit à un dividende calculé non sur trois mois, mais sur neuf.

2° Pendant trois ans, les dividendes de l'ouvrier ou de l'employé sont simplement mis à son crédit, portant intérêt à son profit, mais ne lui sont pas remis. De longues années d'expérience ont, paraît-il, prouvé que, d'une façon générale, on peut compter sur la fidélité, le bon vouloir, voire même le dévouement d'ouvriers ou d'employés qui sont restés trois ans au service de la Compagnie.

La participation ouvrière fut commencée par M. Nelson en 1886. Deux cents ouvriers étaient alors employés dans cette firme. L'année fut fort mauvaise et la Compagnie gagna à peine de quoi payer les 6 p. c. d'intérêts sur le capital engagé. Cependant, les ouvriers reçurent à la fin de l'année 5 p. c. en espèces. En 1889, il fut résolu de payer les dividendes de fin d'année en actions de la Compagnie, *les dividendes payés en argent ne donnant guère de résultats satisfaisants. Beaucoup d'ouvriers venaient s'engager pour ces dividendes et partaient après avoir fait quelques économies.* De 1889 à 1893, les dividendes oscillèrent entre 8 et 10 p. c., puis vint la panique et, en 1894, les dividendes tombèrent à 4 p. c. Il n'y eut pas de dividendes de 1895 à 1905. En 1905, la Compagnie, ayant accumulé une réserve considérable, paya 4 p. c. non seulement pour l'année courante, mais pour toutes les années pendant lesquelles le paiement des dividendes avait été interrompu.

Ce fut également en 1905 que les clients furent admis à participer aux bénéfices et depuis cette année, les affaires de la Compagnie furent extrêmement prospères. Comme je l'ai dit plus haut, en 1907 les dividendes distribués furent de 45 p. c. pour les clients et 30 p.c. pour les ouvriers et employés, et, ces dernières années, ils ont été respectivement de 30 et 20 p. c.

La Compagnie payant un intérêt fixe de 6 p. c. sur les actions, il s'ensuit que celles-ci n'ont pas de valeur spéculative. Dans les premières années, la Compagnie rachetait à l'ouvrier qui quittait l'usine les actions qu'il possédait (rachat au pair), mais l'expérience a démontré les inconvénients de ce système; la réalisation si facile de ces actions était une tentation pour l'ouvrier, qui s'en allait parfois pour des motifs futiles. Actuellement, la Compagnie se refuse à acheter les actions des ouvriers qui quittent la maison. Elle n'empêche personne de vendre ses actions, mais elle s'attache à ne pas faciliter cette vente; elle préfère que ces actions n'aient pas de

« marché », de façon à ce que certains ouvriers ne puissent pas spéculer sur la valeur de ces actions, les hypothéquer, etc.

Les ouvriers et employés qui sont restés plus de trois ans à la Compagnie sont considérés comme des éléments sérieux, et du reste *une fois en possession de leurs actions, ils ne cherchent que rarement à les vendre.* Ainsi la Compagnie a atteint son double but : amener ses employés à accumuler petit à petit une somme destinée à les mettre à l'abri du besoin dans leur vieillesse, et s'assurer un personnel moralement et matériellement intéressé au succès de l'affaire.

Il est à remarquer que la participation aux bénéfices accordée par la Nelson Mfg C° aux ouvriers, employés et clients n'entraîne aucune diminution de salaires; les ouvriers et employés de cette firme sont payés au même taux que ceux des autres usines de la même industrie.

L'application du système des actions ouvrières, tel qu'il a été établi par la Nelson Mfg Co, a eu pour effet de créer dans cette entreprise des sentiments de cordialité très marquée entre ouvriers et patrons. Les grèves y sont chose inconnue; il serait d'ailleurs difficile à comprendre ce que les ouvriers pourraient gagner à se mettre en grève.

Un point très important est que les ouvriers aient une confiance pleine et entière dans l'honnêteté de la direction, et qu'ils ne puissent jamais soupçonner que les résultats, tels qu'ils leur sont communiqués, ne sont pas corrects et exacts. La direction de la Nelson Mfg Co a su dès le début s'attirer la confiance absolue de ses employés.

On peut remarquer que dans la Nelson Mfg Co, le capital initial ne reçoit pas la rémunération qui équitablement pourrait lui revenir; M. Nelson a eu plus en vue, en établissant son système, de faire une œuvre philantropique qu'une opération financière. On ne pourrait pas généralement espérer que des banques avancent des fonds pour la création d'une entreprise industrielle, en se contentant d'une rémunération de 6 p. c. sur le capital prêté. Mais le système de la Nelson Mfg Co n'exclut pas à priori les moyens de rétribuer les services financiers.

Ames and Shovel Tool Co.

Le système d'actions ouvrières établi et pratiqué autrefois par l'Ames Shovel and Tool Co était très différent de celui de la Nelson Mfg Co.

A la fin de chaque année fiscale, le conseil d'administration de la Ames Shovel and Tool Co votait :

1° Un dividende de 6 p. c. sur le capital de la Compagnie;

2° Une certaine somme (10 p. c.) pour dépréciation du matériel de la Compagnie;

3° Une certaine somme pour la réserve.

Ce qui restait des bénéfices était alors divisé entre les actionnaires et les ouvriers (50 p. c. aux actionnaires et 50 p. c. aux ouvriers).

Ces dividendes étaient payés *en espèces*.

Les résultats furent tellement décourageants, qu'après trois années de « participation ouvrière » le système fut abandonné, et durant les dix-sept dernières années l'Ames Shovel and Tool Co a conduit ses affaires suivant le principe généralement employé, répartissant les bénéfices uniquement entre les actionnaires.

Un des motifs principaux auxquels il faut attribuer l'échec de la tentative faite par cette Compagnie est le manque de confiance des ouvriers dans la direction. Les ouvriers et employés n'avaient pas foi en la véracité des comptes rendus financiers de la Compagnie. Ils s'imaginaient que la plus grande partie des bénéfices leur était soustraite. La Compagnie alla jusqu'à vouloir soumettre ses livres à des experts qui seraient nommés par les ouvriers; mais ceux-ci rejetèrent cette proposition, ce qui montre que l'état d'esprit était loin d'être bon.

Les ouvriers crurent aussi que la participation dans les bénéfices qu'on leur accordait correspondait à une diminution des salaires. Les salaires subirent, en effet, une diminution vers cette époque (1893), mais cette diminution était générale dans tout le pays et était due à l'état précaire des conditions financières des Etats-Unis. La panique de cette époque affecta toutes les industries.

Le fait que l'Ames Shovel and Tool Co débuta à une époque si défavorable ne fut évidemment pas sans influence sur le résultat de cet essai.

Enfin, le système établi par cette Compagnie ne comportait aucune mesure destinée à retenir l'ouvrier et à l'attacher à la firme. *Nombre d'ouvriers partaient aussitôt après avoir reçu leurs dividendes*, quittes à se représenter lorsque tout était dépensé. Ne s'intéressant pas vraiment à l'usine, ils ne fournissaient pas plus de travail que l'ouvrier qui travaillait dans les conditions ordinaires.

L. DEWAELE,
Consul de Belgique à la Nouvelle-Orléans.

Proctor and Gamble Co.

La tentative de la « Proctor and Gamble Co », de Cincinnati, est intéressante parce qu'elle se rapproche de la notion française des actions collectives de travail. Chaque ouvrier peut souscrire annuellement un nombre d'actions égal à son salaire, pourvu que celui-ci ne dépasse point 1,500 dollars, mais les actions ouvrières sont « trustées » entre les mains de trois directeurs et ne peuvent être retirées que dans certaines conditions très strictes.

Cincinnati, O., 12 décembre 1913.

CHER MONSIEUR,

Nous avons le plaisir de vous répondre, ainsi qu'il suit, à votre demande au sujet du « profit-sharing ».

1° Le dividende attribué à chaque ouvrier représente le même pourcentage sur ses salaires que celui touché par le possesseur d'actions ordinaires sur la valeur nominale de ses actions;

2° Les actions attribuées aux ouvriers sont détenues en trust; le but et le résultat de cette mesure sont que les ouvriers ne vendent pas leurs titres.

Il est certain que ce système exerce une influence sur la continuité du travail. Cette Compagnie n'a pas eu à subir une grève depuis l'inauguration de ce système de « profit-sharing », alors que les grèves étaient très fréquentes auparavant.

Vos très sincères,
The Proctor and Gamble Co.
(*s.*) Illisible.

Baker Manufacturing Co.

La « Baker Manufacturing Co », à Evansville, attribue des actions à son personnel par voie de prélèvements sur les bénéfices. Nous allons constater les résultats obtenus en quatorze années de pratique.

Évansville, Wis., 11 décembre 1913.

CHER MONSIEUR,

La proportion touchée par nos employés dans les profits est déterminée chaque année, après que nous avons fait l'inventaire, et établi les gains réalisés durant l'année précédente. Le pourcentage des profits touchés varie; une année, il n'a été que de 27 p. c., et pendant deux ou trois ans, il s'est élevé jusqu'à 100 p. c. des salaires.

Aucune objection concernant notre système n'a été formulée, à notre connaissance, par notre personnel. Quelques-uns de nos employés nous quittent chaque année, pour entreprendre d'autres occupations; dans ce cas, nous gardons l'option de racheter leurs actions. Si nous ne désirons pas les acquérir, il leur est loisible de les vendre à des étrangers.

Nous croyons que nous avons réussi à prouver, pendant les quatorze années écoulées, que notre système nous a fait réaliser de grandes économies, puisque tout notre personnel y est intéressé et s'efforce de supprimer le gaspillage. La production de travail par homme est plus considérable chez nous que dans aucune autre firme similaire. Certaines années ont donné une production de travail de 30 p. c. supérieure à celle d'autres maisons.

Respectueusement à vous,

Baker Manuf. Co.

(s.) A. G. BAKER, Prés. et Trés.

Edison Electric Illuminating Company, à Brooklyn.

La Compagnie Edison a introduit un système mixte de participation aux bénéfices et d'actions collectives.

Chaque année, la part des bénéfices revenant aux employés est versée, en leur nom, à la caisse commune administrée par les « trustees » dont deux sont nommés par le personnel. La Caisse est, en outre, alimentée par des versements volontaires, mais les fonds ainsi remis ne peuvent être retirés qu'après trois ans, sauf autorisation spéciale ou raison majeure (mort, achat d'une maison, nécessité absolue).

Les « trustees » administrent la Caisse avec la plus entière liberté, achetant ou vendant des actions et des obligations de la Compagnie, et partageant uniquement entre les souscripteurs les dividendes touchés. Dans les conditions indiquées, les souscripteurs peuvent retirer leur part, qu'ils reçoivent en numéraire ou en titres. Le système est en vigueur depuis 1910 et donne entière satisfaction. « Nous ne nous sommes pas aperçus, écrit M. W.-F. Wells, vice-président de la Société, que nos employés soient enclins à retirer leurs parts ni à vendre leurs titres ; presque tous, au contraire, les ont gardés comme placement d'argent. Nous avons également remarqué que les employés apprécient la situation qui leur est faite par le système, qui encourage beaucoup d'entr'eux à faire d'autres placements de fonds, soit dans la Compagnie soit ailleurs. »

Reinle Salmon Company, à Baltimore.

Après avoir employé, pendant un grand nombre d'années, le système de la participation aux bénéfices, la « Reinle Salmon Company » a introduit un régime d'actionnariat ouvrier qui n'a point donné tous les résultats escomptés. Ayant négligé soit de « truster » les titres soit de garder la liberté de désintéresser ses employés en cas de départ, la Compagnie s'est vue en quelque sorte liée à son personnel : « Les hommes sentent qu'ils ne peuvent être révoqués, et en maintes circonstances prennent avantage de cette situation. De même, si les ouvriers perdent leur capacité par l'âge, la boisson ou toute autre cause, il est difficile de les éliminer et par conséquent, ils deviennent un « handicap » pour la Compagnie. » Mais à côté de ces inconvénients inhérents à un défaut d'organisation, la « Reinle Salmon

Company » affirme les avantages du système : « Jusqu'à présent, les ouvriers ont été peu enclins à vendre leurs actions, même avec bénéfices. *Naturellement, les éventualités de grèves sont éliminées* ; nous n'avons jamais eu, depuis l'adoption de notre système, une grève dans l'établissement. »

John G. Myers Co, à Albany, N. Y.

La Maison Myers octroie à ses employés, après quinze années de service, non point des actions mais des titres d'obligations (certificates of credit) dont le montant est calculé sur les salaires à raison de 50 dollars pour le premier millier de dollars de salaires et 50 dollars par 500 dollars supplémentaires. L'ouvrier touche un revenu minimum de 5 p. c. sans pouvoir disposer du capital, qui est versé à ses héritiers en cas de décès.

Les extraits que l'on vient de lire montrent, par quelques exemples, les applications pratiques faites en Amérique, sous des formes diverses, du principe de l'actionnariat ouvrier. Nous avons tenu à soumettre de même notre exposé des expériences anglaises à M. Charles Carpenter, qui a bien voulu nous répondre par la lettre suivante, que nous croyons devoir publier comme garantie de la fidélité d'un tableau dont l'exactitude est le seul mérite.

South Metropolitan Gas Company.

709, Old Kent Road, S. E.,
12th December 1913.

CHER COMTE DE BRIEY,

J'ai lu très attentivement la seconde partie de votre étude sur « l'Association du Capital et du Travail par l'Actionnariat ouvrier », et je désire vous dire à quel point je partage les vues que vous y exprimez.

La description que vous avez faite des différents systèmes en vigueur en Angleterre, en signalant leurs avantages et leurs inconvénients, est remarquable et je suis heureux qu'un observateur aussi avisé et impartial que vous ait décrit la situation telle qu'elle m'apparaît à moi-même en Angleterre, et si parfaitement compris la vraie « Co-partnership » que je considère comme le réel remède de la lutte sociale.

Je ne peux que m'estimer flatté de l'honneur que vous m'avez fait en me donnant l'occasion de vous exposer personnellement mes opinions, et je désire vous répéter que je me tiens toujours à votre disposition, dans le cas où vous estimeriez que mes idées ou l'expérience que j'ai pu acquérir, puissent être de quelque utilité pour vous, votre pays ou votre Souverain,

Bien sincèrement vôtre,
CHARLES CARPENTER.

II. — LA PARTICIPATION AUX BÉNÉFICES EN AMÉRIQUE.

De nombreuses tentatives de participation aux bénéfices ont été poursuivies en Amérique.

Citons parmi les firmes qui ont répondu à notre questionnaire :

The S. M. Jones Cy, à Toledo;
The Simplex Wire and Cable Co, à Boston;
Ames Shovel and Tool Company, à St-Louis, Mo;
The Columbus Railway and Light Co;
The Hibbard Spencer Bartlet and Co, à Chicago;
The Riverside Press, à Cambridge, Mass.;
The Fels and Co, à Philadelphie;
The Bourne Mills, Fall River, Mass.;
Peacedale Manufacturing Co, à Peacedale;
Ballard and Ballard Co, à Louisville, Ry;
The Newport Daily News, à Newport, N.-J.;
Hoffmann and Billings Manufacturing Co, à Milwaukee;
Driver-Harris Wire Co, à Harrison;
Thomas G. Plant Cy, à Boston;
Pillsbury Flour Mills Cy, à Minneapolis, Minn;
Solvay Process Cy, à Syracuse, N.-Y.

Nous ne pouvons songer à nous arrêter à la description de tous ces systèmes, bien que certains d'entre eux présentent une réelle originalité. C'est ainsi qu'une pratique de plus de dix-sept années, a consacré l'organisation de M. Samuel Cabot, dans son établissement de Boston, où, à côté des sommes remises en numéraire à l'ouvrier, une part des bénéfices sert de base à une assurance sur la vie au profit de ses héritiers.

La participation aux bénéfices ne rentre point dans l'objet de notre étude, mais il n'est pas sans intérêt de faire remarquer que, comme sur le continent, la plupart des essais ont abouti à des échecs. La cause — presque toujours la même — est que recevant ces bonifications en numéraire, l'ouvrier en vient rapidement à l'assimiler à son salaire et c'est une portion de celui-ci qu'il a le sentiment de se voir enlever quand aux années grasses succèdent les années maigres. « Le mécontentement alors, écrit la direction de la Pillsbury Flour Mills Cy, devient plus grand que la gratitude pendant les années bonnes. »

Aussitôt surgissent les soupçons injustes sur la manière dont s'effectue la répartition des bénéfices et la communication des livres ne suffit point, le plus souvent, à les dissiper.

Toute autre est la situation — nous l'avons vu — si, au lieu de numéraire, l'ouvrier reçoit un titre auquel sont attachés proportionnellement les mêmes dividendes qu'aux actions de capital.

Nous nous arrêterons uniquement à deux applications de la participation aux bénéfices qui présentent un intérêt particulier, la première à cause des procédés imaginés pour pallier aux défauts signalés, et la seconde à cause des proportions extraordinaires données au système.

The A.-W. Burrit Co, Bridgeport, Conn. — Profit and Loss Sharing Contract.

Comme le titre l'indique, le but poursuivi par cette maison est d'associer le personnel aussi bien dans les pertes que dans les gains de la Compagnie ; il est réalisé par la perception hebdomadaire de 10 p. c. du salaire des ouvriers signataires du contrat spécial de « Profit and Loss Sharing ». — En cas de pertes, l'ouvrier y participera dans la mesure des sommes ainsi abandonnées par lui ; en cas de gains, le dépôt lui est remboursé à la fin de l'année en même temps qu'il reçoit sa part de bénéfice.

La participation est purement facultative et il est remarquable que la grande majorité des employés qui en ont la possibilité demandent à y souscrire. Leur influence, au cours de treize années de pratique, s'est fait souvent sentir pour assurer la continuité du travail ou éliminer des ouvriers incapables. Les directeurs et les chefs de service ont la faculté d'acheter des actions de la Société proportionnellement à leur situation.

Ford Motor Company.

La fabrique d'automobiles « Ford Motor Cy » vient d'introduire au profit de son personnel, la participation aux bénéfices dans des proportions telles qu'elles n'ont jamais été atteintes dans aucun pays du monde. Le 6 janvier 1914, cinquante millions de francs, représentant la moitié des bénéfices réalisés au cours de l'année, ont été distribués entre les ouvriers, de telle façon que le salaire du plus modeste travailleur a été porté d'un seul coup à plus de 5 dollars par jour. Les gains extraordinaires réalisés par cette Société peuvent seuls expliquer cette générosité. Fondée au capital de 500,000 francs en 1903, la « Ford Motor Cy » réalise actuellement 100 millions de francs de bénéfices annuels. Celui qui aurait placé 500,000 fr. dans cette affaire en 1908, toucherait aujourd'hui, c'est-à-dire cinq ans après, cinq millions de revenus annuels. 186,000 voitures sont sorties en 1913 des ateliers.

Ces résultats sont un sujet d'étonnement, même dans un pays où l'invraisemblable est souvent l'ordinaire. Le *Journal of Commerce* de New-York (6 janvier 1914) donne à ce sujet les intéressants détails que l'on va lire.

« Cette journée restera historique dans l'évolution industrielle à Détroit, Michigan.

En effet, la « Ford Motor Company », fabrique d'automobiles, distribuera parmi ses 25,000 employés et ouvriers, une somme de 10,000,000 de dollars, représentant la moitié des bénéfices réalisés pendant l'année 1913. Chacun des membres de cette énorme armée de travailleurs verra ses revenus augmenter dans une large proportion, qui, dans certains cas, atteindra 100 p. c. Le plus humble balayeur de planchers touchera un salaire qui ne sera pas inférieur à 5 dollars par jour, et les heures de travail seront réduites de 9 à 8 heures.

» M. Ford, le directeur de la Compagnie, a annoncé qu'il désirait que ses ouvriers et collaborateurs partageassent l'énorme prospérité de ses entreprises. En adoptant le système de huit heures de travail, a-t-il ajouté, « nous devrons diviser notre armée de travailleurs en trois équipes, ce qui permettra d'employer 4,000 hommes de plus dans nos ateliers et de faire autant d'heureux. »

» M. J. Cousens, le vice-président de la Compagnie, ajoute dans son rapport : « La Ford Motor Company, la plus importante et plus prospère manufacture d'automobiles du monde, » inaugurera, le 12 janvier prochain, un système de bonifications » en faveur de ses ouvriers qui révolutionnera le monde » industriel. D'un seul coup, ce système réduira les heures de » travail de 9 à 8 heures et ajoutera au salaire ordinaire de » chaque ouvrier, une partie des bénéfices de l'entreprise. Le » minimum de salaire qui sera payé à chaque ouvrier âgé d'au » moins 22 ans, sera de 5 dollars par jour. Précédemment, le » salaire était de 2 d. 24 par jour de 9 heures de travail.

» Comme il n'y a que 10 p. c. de notre personnel qui n'ait pas encore atteint l'âge de 22 ans, 90 p. c. de celui-ci toucheront immédiatement la part dans les bénéfices, c'est-à-dire verront leurs salaires atteindre au moins 5 dollars par jour. Et au lieu de distribuer ces bonifications en une seule fois, à la fin de l'année, le conseil d'administration a décidé d'allouer ces indemnités pendant tout le courant de l'année, en les ajoutant à la paie de quinzaine. Notre firme pense que le partage des bénéfices entre le capital et le travail, tel qu'il est pratiqué actuellement, n'est pas équitable, et que ce dernier a droit à une part plus importante. C'est pour cette raison que nous avons décidé de distribuer 10,000,000 de dollars parmi nos ouvriers. Nous espérons encore qu'à la fin de l'année 1914, il nous sera permis de faire une distribution de bonifications supplémentaire, après avoir réservé les sommes nécessaires pour payer les dividendes et pour l'extension et l'amélioration de nos locaux.

» Les jeunes gens de moins de 22 ans, travailleurs, honnêtes et économes, qui seront le soutien de leurs parents ou de frères et sœurs mineurs, seront placés sur la même base que leurs aînés. »

Une dépêche de Détroit au *Journal of Commerce*, de New-York, annonce qu'en organisant ce système de participation ouvrière, la « Ford Motor Company » a introduit dans ses établissements un département sociologique, qui surveillera étroitement la conduite privée et le genre de vie de ses employés ; et que ceux qui seront signalés comme dépensant l'argent, provenant des bonifications accordées par la Compagnie, d'une manière déraisonnable, cesseront immédiatement de participer à la distribution de ces bénéfices. La direction croit que ce système de « profit-sharing » améliorera le sort de l'ouvrier et perfectionnera son travail.

Il va sans dire que la décision prise par la Compagnie « Ford » a provoqué dans le monde ouvrier de Détroit une sensation dont tous les établissements industriels ressentiront les effets. Déjà un « rush » formidable s'est produit vers les ateliers de la Compagnie; ce qui permettra à M. Ford d'embaucher les meilleurs ouvriers du pays.

III. — LE « PREMIUM SYSTEME » EN AMERIQUE.

A côté de l'actionnariat ouvrier et de la participation aux bénéfices, différentes maisons américaines ont introduit avec succès, depuis quelques années, un autre mode d'association du Capital et du Travail. En voici le mécanisme tel qu'il est décrit par la « Providence Engineering Works ». En plus de son salaire calculé par heure de travail, l'ouvrier reçoit un tiers de celui-ci par heure gagnée sur le temps évalué comme nécessaire à l'exécution de sa besogne par une Commission spécialement établie à cet effet. Si, au contraire, ce temps est dépassé l'ouvrier sait que, tôt ou tard, il sera écarté.

Ainsi, si l'ouvrier gagne 0.24 cent. par heure et s'il ne prend que 50 heures pour une pièce dont l'exécution est estimée devoir en prendre 100, il touchera en dehors de son salaire normal (50 × 0.24 = 12.00) le tiers de celui-ci (12 : 3 = 4.00), soit au total 16.00 au lieu de 12.00 et 0.32 cent. au lieu de 0.24 cent. par heure.

Ces payements sont faits chaque semaine et ne soulèvent aucune difficulté.

La « Cincinnati Milling Machine Company » fait remarquer que pour réussir, le système doit être fondé sur une étude approfondie du temps nécessaire à l'accomplissement du travail :

« Dans notre cas personnel, nous étudions les matériaux qui doivent être employés, les méthodes de manipulation des pièces, les meilleures machines à employer, la vitesse et l'alimentation des machines et la totalité du temps est divisée pour les différents éléments de l'opération, de manière que l'ouvrier, au fur et à mesure qu'il avance, peut se rendre compte s'il effectue toutes les manipulations endéans le temps estimé. En résumé, nous employons les meilleures méthodes pour donner à l'ouvrier le moyen de manier la pièce dans la machine (handle the piece in the machine) et nous lui donnons la possibilité de suivre la meilleure marche au moyen de la délivrance d'une feuille portant des instructions écrites. Nous fixons alors un maximum de temps accordé pour chaque pièce, et la bonification que nous payons équivaut à environ 40 p. c. du salaire journalier de l'ouvrier, si celui-ci termine le travail pendant le maximum de temps prescrit.

» Nous sommes tout à fait enthousiasmés de cette manière de diriger un établissement parce qu'elle donne automatiquement à l'ouvrier habile l'opportunité de gagner le plus d'argent qu'il lui sera possible et qu'elle nous permet de payer de plus hauts salaires aux ouvriers capables, tout en réduisant pour nous-mêmes le prix de revient net de la production ».

La Direction de « The Miller, Du Bruland Peters Mfg Co » de Cincinnati résume parfaitement les avantages du système :

« Nous pensons qu'un système de primes de ce genre augmente considérablement l'intérêt que portent les ouvriers à leur travail, et conséquemment il y a moins d'occasions de constater des grèves, dans les établissements qui emploient un système de primes. Nous croyons que la raison en est que, comme le système de primes désigne automatiquement le meilleur ouvrier, et le récompense proportionnellement à son habileté, il a moins de motifs d'essayer d'obtenir une augmentation générale des salaires, qui s'appliquerait aussi bien à l'ouvrier incapable qu'à l'ouvrier capable. Comme il est de l'intérêt du patron, des surveillants et des employés, d'avoir le plus de primes possible, les surveillantset les contremaîtres écartent les incapables et les remplacent par des hommes en mesure de gagner des primes. Naturellement, une réunion d'hommes de ce genre est, en général, moins accessible aux arguments d'un promoteur-gréviste.

» Les syndicats ouvriers reconnaissent cette situation, et s'efforcent d'obliger leurs membres à se refuser de travailler avec le système de primes mais les ouvriers qui obéissent à cet ordre s'aperçoivent bientôt qu'ils ne sont désirés dans les ateliers ni par leurs compagnons de travail ni par les surveillants; et en général, les « ouvriers à primes » ne sont pas syndiqués (and as a class, it is probably true that the premium workers are non-union) : 1° parce qu'ils ont des qualités plus individuelles et désirent gagner des primes; 2° parce que le refus du syndicat de les autoriser à travailler à primes, a pour conséquence de le leur faire quitter, et il en résulte que le syndicalisme perd des adhérents parmi les ouvriers travaillant à primes.

» Les syndicats suivent une théorie collective, tandis que l'ouvrier à primes travaille d'après une théorie individuelle. En général, l'expérience des firmes employant le système des primes a démontré que le total des salaires de l'ouvrier travaillant à primes est supérieur à celui des ouvriers travaillant à l'échelle des salaires des syndicats ou sous les conditions syndicalistes. »

Le système en vigueur depuis quelques mois dans la « Royal Typewriter Company », à Hartford, Conn., est quelque peu différent de ceux qui viennent d'être exposés.

La Compagnie a constitué un fonds de plusieurs milliers de dollars qui est réparti trimestriellement entre les vingt-neuf chefs de service, à la condition que leur département atteigne le maximum de rendement fixé par la direction. Si ce rendement n'est pas atteint, le chef de service est frappé de retenues ou de « points » de 0,50 cent. calculées d'après les augmentations de frais, les retards, les absences, les déchets, les malfaçons (1). L'augmentation de rendement du travail paraît considérable.

(1) *The Iron Age*. New-York, May 15, 1913, vol. 91, n° 20.

www.ingramcontent.com/pod-product-compliance
Ingram Content Group UK Ltd.
Pitfield, Milton Keynes, MK11 3LW, UK
UKHW020258220726
13923UKWH00002B/959